マンガで教養

やさしい落語

YASASHII-RAKUGO

一生モノの基礎知識

監修｜柳家花緑　マンガ｜柚木原なり

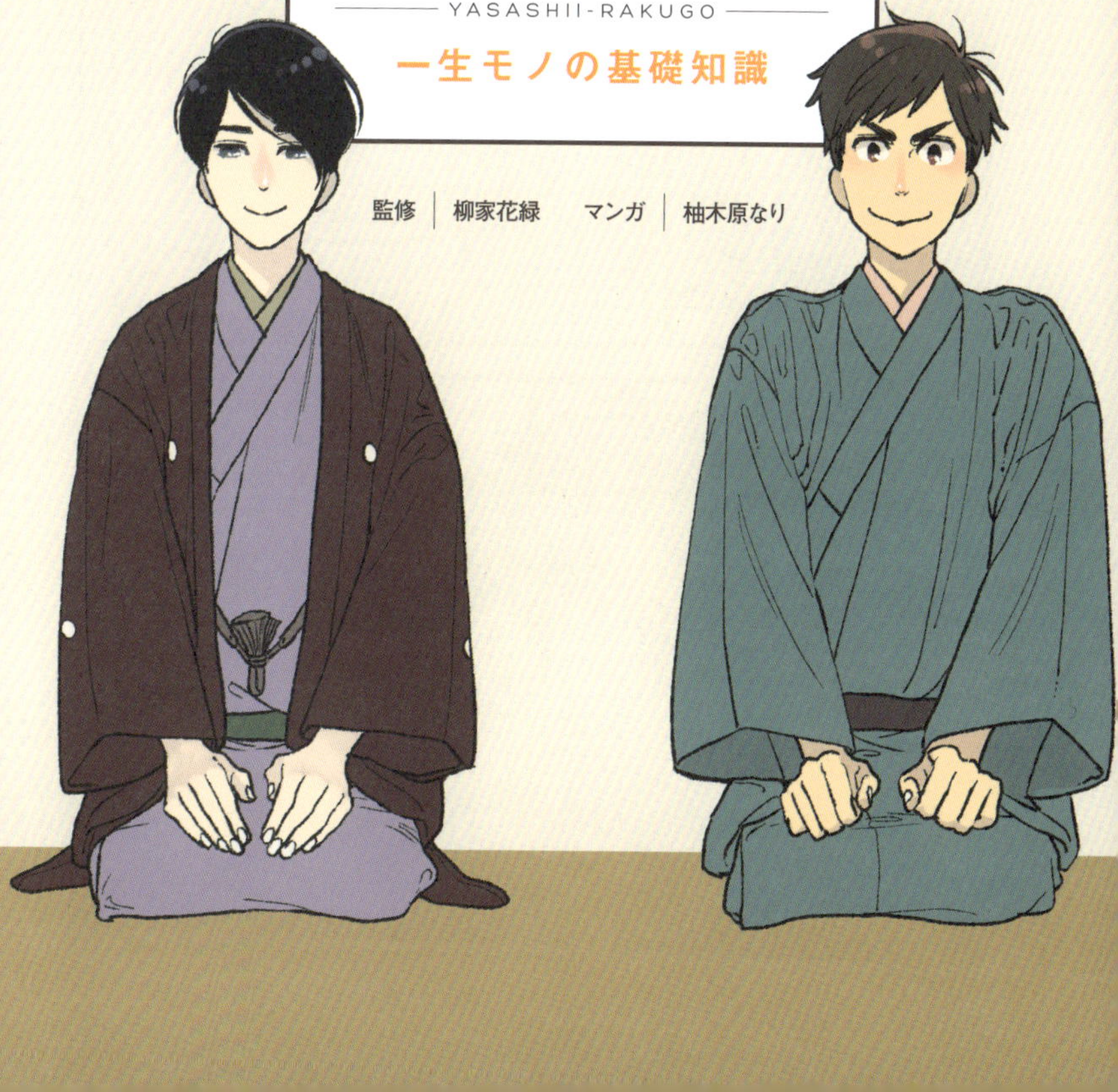

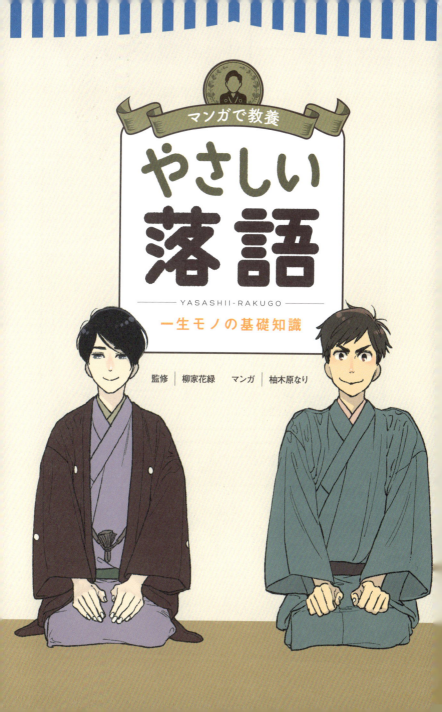

最初に言いますけど
やめるなら今やめた方がいいですよ
劇場横の喫茶店
師匠の第一声はそれだった
いえ！あの！
宮尾コウスケ
1年前から弟子入りをお願いするなら青藤《あおふじ》師匠にと決めていました

初めて落語にふれたのは1年前
え? キドセン?
木戸銭《きどせん》すら知らないシロートで
入場料のことだよ 3000円ね
あっ、はい すみません!
本当にお弁当食べていいんだ
ただ興味があって週末に遊びに来たってだけで
ドンドン
すごい! 鳴ってる太鼓の音 本物だ
第一印象は
思ってたより気楽で楽しい! ぐらいだったんだけど

※寄席興行の最後に出演する演者《えんじゃ》。「しゅにん」とも読む

いっぱいのお運び
誠にありがたく御礼《おんれい》申し上げます
夜席《よるせき》※主任《しゅにん》
柏《かしわ》家《や》青藤《あおふじ》でございます
黒紋付姿の青藤師匠は
冗談ではなく
光ってみえた
え～ギャンブルなんてのは何かを賭けないと燃えないものですが
囲碁将棋ってのは賭けるものがなくとも燃えるものでしてね

※寄席興行、夜の部

その日師匠がかけたのは『笠碁《かさご》』※だった
碁で仲たがいした年寄り2人 ひとりが雨の中で笠をかぶり 仲直りに行く噺《はなし》
いや 待ってくれたって いいじゃないか
二度と来るな
そりゃもう 絶品で
なにより 所作の美しさと
ヘボッ!
※P.191参照
ああ この笠ならいい
うんうん
これなら 濡れないやね
ん? あいつ店先に 碁盤なんぞ 出しやがって……
あいつの相手は 俺しかいねえって
二人が本当に 目の前に現れて
碁盤や 雨の情景が ぶわって広がって
落語ってすごい! 俺もやってみたい! って思ったんです

※落語家が新しく演じる噺や、最近演じていなかった噺などを聴かせる会

意外といってるんですね誕生日は？
え？1月です。2か月前に29になりまして……
ああ良かった
実は最近あなたみたいに社会人になってから弟子入り志願する方増えててねえ
わたしの所属する落語協会では弟子入りの年齢制限ができたんですよ
ね年齢制限があるんですか!?
そう30歳まで
ギ
ギリギリセーフ
そ
それじゃあ
その前に

まず
弟子入りすれば
見習い半年間
お給料はでませんし
アルバイトも
できません
その後前座になって
寄席に通えば
少しは出ますが
それでも
ほとんどもらえないと
思ってください
ある程度蓄えは
ありますか？
わたしは住み込みは
させてませんので
通いになりますし
さっきも言いましたが
やめるなら
今の方がいいですよ
いえ！俺
落語家になり
たいんです
よろしく
お願いします！
……
わかりました
ただし
パアッ

一生の仕事になるんだから
まずは職場に迷惑をかけないように今の仕事をキチンと辞めてきなさい
柏家 青藤
次はここに連絡してきなさい
は
はい！
落語家の人も名刺って持ってるんだ
グッ
師匠！
こうして俺は

俺がんばるので！
お世話になります！
よろしくお願いします！
はい
よろしくね
落語家の弟子としての
第一歩を踏み出したのだった

弟子（主人公）

柏《かしわ》家《や》 藤《ふじ》太《た》

（宮尾コウスケ）

29歳。30歳を目前に、柏家青藤に入門。落語家の見習いとなる。たまたま入った寄席で、青藤師匠の落語にひと目ぼれ。迷いに迷った末、脱サラして落語家を目指す。まっすぐな性格と、年齢を感じさせない素直な感性が持ち味。十八番は……もちろんまだない。

青空兄《あおぞらアニ》さん

青藤師匠の2番弟子。高校卒業後、落語家になるため上京した21歳。藤太より年下だが、面倒見のいい兄貴分。二ツ目昇進間近。イケメン落語家のブームに乗りたいと思っている。

そのほかの登場人物

師匠

柏家《かしわや》 青藤《あおふじ》

31歳。祖父も父親も落語家の家系に生まれたサラブレッド。中学卒業後、迷いなく落語家の道に進み、祖父に入門。27歳で真打ち昇進を果たす。その後、弟子を取り、藤太は3番目の弟子。十八番は、繊細な芸風と若旦那キャラを生かした『船徳』『酢豆腐』『明烏』など。

鼓《こ》うじ兄《アニ》さん

鼓五郎師匠の10番弟子。前座。大学の落語研究会時代から、鼓五郎師匠の落語にほれ込み、何度も入門を申し込むが断られ、10度目にして晴れて入門。ただ今、前座2年目の25歳。

柏家《かしわや》鼓五郎《こごろう》 師匠

新作落語を得意とする師匠。青藤の兄弟子にあたる。いかつい外見とは裏腹に、軽妙な語り口が持ち味で、そのギャップにもファンが多い。確かな技術があり、古典落語にも定評がある。

CONTENTS

はじめに

INTRODUCTION

落語が聴ける場所を知ろう

ふらりと行くなら「寄席《よせ》」お目当てがいるなら「ホール落語」

落語に興味を持って、生で聴きたいと思ったら、「寄席」か、ホールや市民会館などで行われる落語会に行ってみよう。

寄席のいいところは、行きたいと思ったときに行っていつでも楽しめること。ほぼ毎日興行が行われているうえに、チケットも当日券を購入できる場合がほとんど。また、1回の公演で複数の落語家が出演するから、一度にいろいろな落語家の噺《はなし》を楽しむこともできる。加えて、落語のほかに、色物《いろもの》と呼ばれる様々な芸も観られる。

対して、ホールで行われる「ホール落語」は、基本的に事前予約制。独演会や二人会《ふたりかい》など出演する落語家が限定され、ひとりの持ち時間も多い。長めのネタも聴けるので、お目当てをしっかり聴くならこちら。

また、蕎麦屋や喫茶店の一角など、様々な場所で落語会が行われている。最近は若手の会も多く、ワンコインで楽しめるところも。自分の住む街に寄席がなければ、そういったところで落語会デビューしてみよう。

寄席＆ホール落語のちがい

寄席では毎日公演が行われていて、当日券でふらりと入れる。
ホール落語は事前予約制。お目当ての落語家をじっくり楽しめる。

寄席

新宿末廣亭（P.252）

場所

現在の定席は、東京に5軒と大阪に1軒。

- 東京「上野《うえの》鈴本《すずもと》演芸場《えんげいじょう》」「浅草演芸《あさくさえんげい》ホール」「池袋演芸場《いけぶくろえんげいじょう》」「新宿末廣亭《しんじゅくすえひろてい》」「国立演芸場《こくりつえんげいじょう》」
- 大阪「天満《てんま》天神繁昌亭《てんじんはんじょうてい》」

スケジュール

定席《じょうせき》とも呼ばれる寄席は、1年365日、ほぼ毎日落語が聴ける。一か月の興行は「上席《かみせき》」「中席《なかせき》」「下席《しもせき》」の10日ごとに区切られ、12時頃からの「昼席《ひるせき》」と夕方からの「夜席《よるせき》」の二部構成が主流。

出演者

1人約15分の持ち時間で、複数の落語家が一度に観られる。また、落語だけでなく、漫才や手品、曲芸や紙切りなど、多彩な演芸が楽しめる。

チケットの買い方

ほとんどが当日券で、会場の窓口で購入する。指定席もない場合が多い（国立演芸場や天満天神繁昌亭は、事前にチケットが購入できる）。

料金

2000円～3000円前後。仲入り（休憩）後の割引サービスなどもあり。

☞ 寄席についての詳細はP.117～へ

劇場・ホール

場所

都内や地方などの劇場、ホールなどで開催される。

スケジュール

開催される会によって、事前に決まっている。

出演者

開催される会によって、事前に決まっている。「独演会」（ひとり）や「二人会」「三人会」、「親子会」（師匠と弟子の会）や「一門会」など、様々なパターンがある。

チケットの買い方

プレイガイドなどで事前に購入する場合がほとんど。席も指定される。

料金

3000円前後。

☞ 落語が聴ける具体的な場所はP.252～へ

花緑の
噺家こぼればなし

01 僕が落語家になった理由

僕のおじいちゃんは落語家でした

はじめまして。この本の監修をしている、落語家の柳家《やなぎや》花緑《かろく》と申します。このコラムでは、マンガに関連して、僕自身のことを少し、お話したいと思います。

　このマンガの主人公、宮尾コウスケくんのように、寄席で観た落語家に憧れてその門をたたく若者は、実際にもたくさんいます。昔とちがい落語家の住所は公表されていないので、寄席で出待ちというのが一般的のようです。僕自身の動機はどうかというと、かなり少数派。僕の師匠は昭和の名人といわれた、5代目柳家《やなぎや》小《こ》さん。落語家になろうと思ったきっかけは、その小さんが、僕のおじいちゃんだったからなんですね。落語家は世襲制ではないので、二世の落語家というのは、実はとても少ないんです。

　でも、僕の小さい頃から小さんはテレビにもたくさん出ていたし、寄席で見る姿もかっこよく、僕にとってのスーパースターでした。落語家になり、祖父に弟子入りしたいと思うのは、自然な流れだったような気がします。

　本来、落語家の師弟関係というのは、他人である師匠の下に、毎日通ったり住み込んだりして働き、「他人の釜の飯を食う」ということ。僕の場合は、祖父が師匠だったので、他人ではありませんでした。ただ、身内だからこそ、住み込みの弟子のように師匠のそばにいられたといえます。僕が入門したのは中学卒業後すぐ。まだ15歳だった僕を、祖父の方から弟子として意識し、厳しく接してくれたこともあったように感じます。

　落語家になると家族に宣言したのは小学6年生の3学期でした。中学に入学すると部活動はせず、落語に生かせる習い事（三味線、日本舞踊、習字など）や、実家の家事手伝いをする日々が始まりました。ある意味、そのときから見習いとして入門したともいえます。

一席目

落語家とは

落語家とはどんな人たち？　「前座」「二ツ目」「真打ち」といった階級制度やその師弟関係など、「落語家」のリアルに迫ります。

喫茶店で初めて師匠と話してから約10か月
よし
ピッ
ピーッ
見習いとしての日々にも慣れてきた
師匠のお宅へ伺うにもちょうどいい時間だな
見習いの主な仕事
地域寄席や独演会へのカバン持ち
前座
二ツ目
見習いは寄席の楽屋へは入れない！
うちの師匠は弟子に家事はやらせない方針だし
後で知ったけど師匠にはすでにお弟子さんが2人いて通いも毎日させてもらえない
着物をたたむ練習
時間があれば落語を聴いたり太鼓を練習する
師匠によってかなりちがう

見習いになって
まず学んだことは
礼儀の大切さだ
師匠
おはようございます
宮尾です！
おはよう
時間ぴったりだね
はい！
靴も
そろえて……
師匠に浅草で
見立てていた
だいたものを
昨日言ってた
着物は
持ってきたかい？
といっても、時間は守る
あいさつは欠かさないなど
人として当然のこと
なのだが……
じゃあ
着替えて
きなさい
今日は
ついに

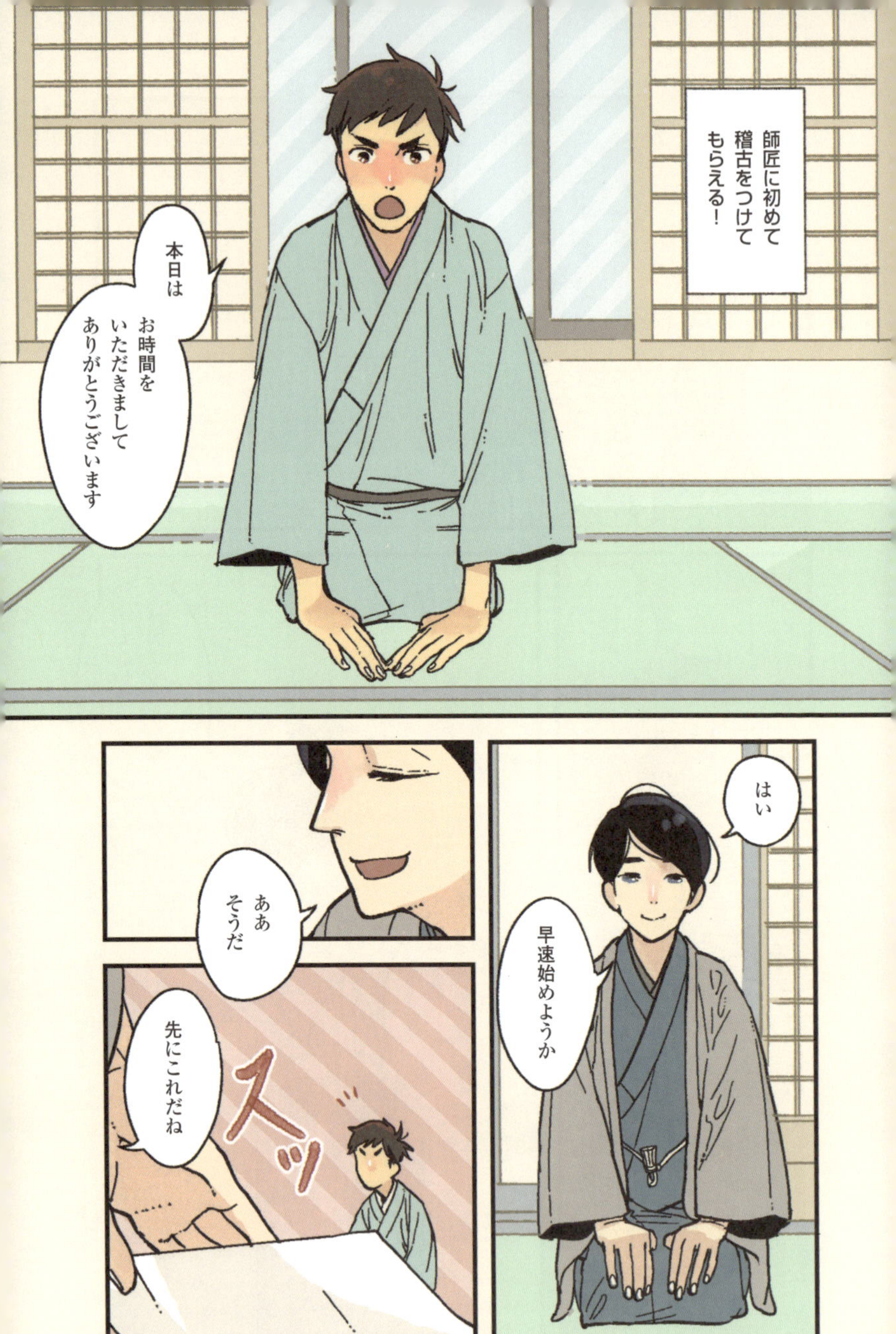
師匠に初めて稽古をつけてもらえる！
本日はお時間をいただきましてありがとうございます
はい
早速始めようか
ああそうだ
先にこれだね
スッ

!!
柏家藤太
ふじた
これは……
今日からこちらを名乗りなさい
昨日落語協会には連絡しておいたし
履歴書も送ってあるから
……藤太?

あっ
すみません
ありがとうございます！
その……
思ったよりシンプルだなって……
何を言ってるんだ
わたしの「藤」の字が入っているだろう
えっ
藤
はっ、はい

師匠が弟子の名前に自分の字を入れるのは弟子に期待している証《あかし》なんだぞ
き 期待……!
そうなんですか! すみません
さて 始めようか
まずは わたしがやってみるから しっかり聴いているんだよ 分からないことは 全部終わってから 聞きなさい

し
師匠！
その前にひとつ
お伺いしたいことが
グッ…
なんだ？
お……
俺、1回で覚えられる
自信なくて……
メモとか……
ろ、録音とかしても
よろしいでしょうか？
NOTE BOOK
何!?
落語とは口伝《くちづた》えで
伝承するものだ！
※藤太の
これから起こることの
イメージ
もちろん
いいよ
ケロッ
わたしも
稽古では
メモやレコーダー
使うし

えっ!? そうなんですか!? 意外と現代的……
はい！
でも中には だめだという師匠もいるからね ちゃんと稽古の前にそうやって お願いしないといけないよ
伝統芸能でありつつ
現代にも通じる芸……
当たり前だけど 新鮮だ
前座でも寄席じゃ 15分ひとりで話すんだ
しかも ただ覚えたセリフを なぞればいいってもんじゃない
声音、調子、仕草 キャラクターも ひとりで演じ分ける
噺を覚えていないなんて ハナシにならない
始めは誰も できやしないさ

ただ
だからって稽古で気を抜いたら許さないよ
落語ってのは本来「目の前のお客様」に向き合う商売だからね
目の前で泣いたり笑ったりしてもらうのが一番なんだから
はい
肝に銘じます
まあ そんなものは
わたしでも未だに試行錯誤しっぱなしだけどね

師匠でも……
では
今度こそ始めるよ
うちは最初に覚えるのは『道灌《どうかん》』※と決まってるんだ
師匠からは噺はもちろん
はい！
よろしくお願い致します！
落語家としての生き方や
落語への愛情を日々勉強させていただいている——

※P.203参照

落語家
とは

WHAT IS RAKUGOKA?

落語家の階級制度

「真《しん》打《う》ち」目指して芸を磨く

落語家には階級があり、芸歴や技能に応じて、昇進するシステムになっている。入門したら、まずは「見習い」。高座《こうざ》に上がれるようになったら「前座《ぜんざ》」、「二ツ目《ふため》」と昇進していき、最終的に「真打ち」になったら一人前。真打ちになるには、大体15年前後かかるという。真打ちになれば、寄席で最後に出演する「主任《トリ》」を務めたり、弟子を取ったりすることができる。もちろん真打ちが芸歴のピークというわけではなく、一人前の落語家としてのスタートに過ぎない。なおさらのこと、ますます芸を磨いていかなくてはならない世界だ。

また、先代の落語家の名前を継ぐのが「襲名《しゅうめい》」。とりわけ一流の落語家の名は「大看板《おおかんばん》」と呼ばれ、落語家の憧れのひとつ。ただし真打ち制度は、東京の落語界の場合で、上方《かみがた》落語と呼ばれる関西の落語界では、特に階級制度はない。そのため襲名が、一人前になるというような意味合いを持つこともある。

落語家の昇進ルート

弟子入りをお願いに行って師匠に入門できたら、
まずは見習いからスタート。

入門

藤太

師匠の身の回りのお手伝いや、
落語の練習がメイン

見習い

噺の練習をはじめ、着物のたたみ方や太鼓のたたき方など、基本を教わる。

半年〜1年

青空兄《アニ》さん

寄席や師匠の独演会などで、
前座を務めるように

前座

師匠の許可が下りたら、いざ寄席デビュー。寄席のお手伝いも仕事の基本。

2年〜5年

兄《アニ》さん
（青藤の一番弟子）

自分で落語会を開くなど、
活動の幅がグッと広がる！

二ツ目

独り立ちの第一歩。自分の落語会が開ける。高座で羽織や袴も着けられる。

5年〜10年

青藤師匠

落語家として一人前！
弟子を取ることもできる

真打ち

自身のオリジナリティを、さらに追求していく。寄席でも主任《トリ》が務められる。

真打ち昇進

WHAT IS RAKUGOKA?

落語家の師弟関係を知ろう

弟子入りしたら親子みたいなもの

落語家は世襲制ではないので、弟子とは血がつながっていないことが多いが、弟子入りしたら、師匠とは親子関係を結ぶようなもの。自分の子どものように弟子を育て、自分が何十年もかかって身につけた技を、惜しみなく弟子に教えるのが師匠だ。

師匠は、見習いとして入って来た弟子に落語の稽古をつけるほか、礼儀作法や、着物のたたみ方など、落語家としての基本を身につけさせる。お小遣いをあげることもある。弟子は、師匠の身の回りの世話をはじめ、寄席や落語会へのカバン持ちなどのお手伝いをする。

また、先に入門した弟子を兄弟子《あにでし》といい、こちらも兄弟のようなもの。自分が前座の時代に兄弟子も前座の場合は、一緒に寄席に入って基本を教えてもらう。兄弟子が二ツ目以上の場合は、出演する落語会を手伝って、勉強させてもらうこともある。ただし、落語家の師弟関係にマニュアルや決まりはなく、師匠の方針で弟子の育て方はずいぶんちがう。

師弟関係の一例

弟子は入門してから前座までは、稽古や取り決めは全て、
師匠にお伺いを立てるのが基本。

師匠

弟子に自分の落語の演じ方やその技を教える。弟子はその演技を踏襲する。また、弟子の名前をつけるのも師匠。自分の名前からひと文字取ってつけることが多い。

- 落語の稽古をつける
- 礼儀を教える
- お小遣いをあげることもある
- 名前をつける

子ども ↓ ↑ 親

子ども ↓ ↑ 親

弟子

- 師匠の出ている高座の前座
- 師匠のカバン持ち
- 師匠の着物の用意

師匠の高座の手伝いや、行き帰りのカバン持ちなどを務める。現在は昔とちがい、住み込みで弟子を取り衣食住の面倒を見る、という師匠はあまりいないよう。

兄弟子

年齢は関係なく、1日でも早く入門した方が兄弟子。先輩として、弟弟子の立ち居振る舞いを指導したり、わからないことを教えるなど、サポートする役目。

兄弟 ←→

WHAT IS RAKUGOKA?

落語の稽古は どのように行われる？

最初はマネすることから始める

弟子が見習いから前座のうちは、師匠の真似をすることが不可欠。まずは演じやすい噺から始め、落語の基本を覚えていく。

稽古の基本は、「三遍稽古《さんべんげいこ》」と呼ばれる。師匠が弟子の前で3回同じ噺を演じて、それを弟子が覚えるというもの。次は師匠の前で演じて指導を受け、最終的に高座でかける許可をもらう。特に前座のうちは、自分のオリジナリティを出すことは求められず、またそのような実力もないのが普通なので、師匠のスタイルをマネることから始める。

とはいえ、稽古の方法にもマニュアルはなく、師匠によってちがうのが大前提。実際に師匠の落語を聴かせてもらう、噺のポイントだけを伝える、師匠の落語のテープを渡すなど、様々な方法がある。

二ツ目以降になると弟子の自由で、ほかの師匠に稽古をつけてもらうことも可能。また、前座でも自分の師匠の口利きがあれば、同様にできる。格式ばった決まりがないのも、落語の師弟関係の特徴だ。

＼ 前座まで ／

落語の稽古の一例

師匠と弟子が対面して行う、基本の稽古の一例。
まずは師匠の落語を聴き、師匠の前で何度かやってみて指導を受ける。

1回目

お手本を覚える

師匠がひと通り演じて、それを弟子が聴く。ICレコーダーへの録音も大体許可されるというのが現代的だ。最初から落語のCDを渡す場合も。

↓

2回目

師匠の前でやってみる

師匠の前で、弟子が覚えた噺を演じる。その後、弟子の演じ方について師匠のダメ出しやチェックが入るので、よく聞いておく。

↓

3回目

直したものをやってみる

さらに直してから師匠に見せる。師匠によっては、間の取り方や目線の位置など、細かいところを指示してくれることも。

↓

4回目以降

師匠からOKが出るまで繰り返しやる

3回目でOKが出る場合もあるが、出なかった場合は、改めて練習し直し、師匠に見せる。OKが出るまで続ける。

↓

ネタおろし

晴れて高座でかけられる！

「あげ」と言って、師匠からOKが出たら、高座でかける許可が下りたということ！　晴れてのネタおろし。

花緑の 噺家こぼればなし

02 落語家の名前

名前選びは難しい！

落語家に入門して前座になるまでには、高座《こうざ》に上がるための名前がなくてはいけません。名前は、師匠の文字からひと文字もらうパターンがよくあります。例えば、僕の名前は花緑ですが、弟子には大体、「花」か「緑」がつきます。「花飛《かっとび》」「花《はな》いち」「緑君《ろっくん》」「吉緑《きちろく》」「緑太《ろくた》」など。僕の方針はお互いが名前を考えること。僕だけでなく弟子にも考えさせて、一番いい名前を選びます。

この名前、簡単につけているように見えるかもしれませんが、意外と難しい。現在の落語界に落語家は約800人。かぶらない名前を見つけるのも、なかなかたいへんなんです。しかも、なるべく漢字もかぶりたくない。例えば「文」をつけると文楽《ぶんらく》一門、「菊」は円菊《えんぎく》一門、「春」は立川談《たてかわだん》春《しゅん》師匠のお弟子さんみたいですよね。どうしても、今いる落語家さんの名前の漢字を使いたいときは、ひと言おことわりをするようにしています。

ただ、落語家は名前がどんどん変わっていくことがあります。僕の場合も、前座名は「九太郎《きゅうたろう》」、二ツ目は「小緑《ころく》」、真打ちで「花緑」。昇進するたびに、だんだんそれらしい名前になっていきました。あとは、「襲名《しゅうめい》をする」ということもある。大名跡《だいみょうせき》ともいわれる名人の名前の襲名は、披露興行なども開かれ、大々的に行われます。

このように名前は変えることが多いため、前座の名前は、面白い場合も多いです。僕の弟子の花飛《かっとび》も、前座は「フラワー」という名前でした。ちなみに、いくつか候補がある中から本人が選んだんです。僕が無理やりつけたんじゃないですよ（笑）。

マンガの中では、主人公は「藤太」という名前をもらいますが、師匠の字も入っているし、なかなかいい名前。「太」はみんながつけているので、一門に関係なく使っている人が多いです。濁らない音で、響きのいい漢字ですよね。

二席目

演じる

上下《かみしも》を切る、役の演じ分けなど、知ると面白い落語の基本とは？ご隠居や与太郎など、登場人物のプロフィールもチェック。

師匠
ご報告なのですが
昨日○×亭の夜席《よるせき》※で
初高座《はっこうざ》に上がらせて
いただきました
※寄席の夜の部の公演
そうだったのか
どうだった?
それが……
前座に昇進すると
寄席の楽屋へ
入ることが許される
寄席に入って1週間
覚えることばかりで
精一杯だったけれど
立前座《たてぜんざ》※の
青空兄《あおぞらアニ》さんに
藤太
今日高座
できるか?
※一番芸歴の長い前座(P.220)

はっ
はい！『道灌《どうかん》』※ならやっていいと師匠に言ってもらっています
じゃあやってみるか
はい！よろしくお願いします！
前座はプログラムに名前がない 出番を決めるのはその日の立前座
おい藤太ぼおっとするな
すみません
もちろん前座仕事も並行してこなすから
焦って何も考えられないまま始まって
前座の柏家《かしわや》藤太《ふじた》と申します
藤太
前座は名札をつける

※P.203参照

みそしとだると
なべとかましき……
なんだいそりゃ？
短けぇ都々逸《どどいつ》だなぁ
都々逸ぅ？
おめぇよっぽど
歌道《かどう》に暗ぇな！
暗……
聴こえにくいな……

客席から「聴こえにくい」と言う声が……
いつも通りにできたと思うのですが
……そうか
じゃあ一度昨日のようにやってみなさい
はいっ！

えー
落語に出てくる人物ってーと
おなじみなのは
熊さんに八っつぁん
横丁のご隠居さん
バカな与太郎さんが
出てきます
この熊さんや八っつぁんがご隠居のところに遊びに行くと落語の幕開きでございまして
こんちはっ
こんちはー
八っつぁんかい？
まあまあお上り
えっ！
どうもごちそうさんです
なんだいごちそうさまって
まんまってご飯をご馳走《ちそう》してくれるって……

いつも来ると粗茶《そちゃ》ご馳走になりますがね
うまいっすね お宅の粗茶は！
『道灌《どうかん》』は一門では一番最初に覚える前座噺《ぜんざばなし》
ものを知らない八っつぁんが書画好きなご隠居に屏風絵に書かれた和歌の意味を教えてもらいその和歌を使おうとする滑稽噺《こっけいばなし》
おいっ 粗末なお茶と書いて粗茶だぞ？
ええ 粗末なわりにはおいしいって……
またそんなこと言って……卑下したんだッ
ヒゲ剃《そ》ったんですか？
謙遜をしたんだよ！

おはずかしっ
おい　気味が悪《わり》ぃな
みそ、しと、だるとなべとかましき……
なんだいそりゃ？　短けぇ都々《どど》逸《いつ》だなぁ
都々逸ぅ？　おめぇよっぽど歌道に暗ぇな！
〝暗い〟から提灯借りに来た
……まず

声が小さいね
○×亭は広いから いくらマイクが あるっていっても もっと声を張らないと
稽古のときは そうじゃなかったが、 自分で練習しすぎて 自己流になって しまったのか？
そうかも しれません
あと 上下《かみしも》の切り方が 大きすぎる
そんなに大げさに 首を振らなくていい
目線の先は
両腕を肩幅で伸ばして その小指くらいでいい

あれ
思ってたより
ずっと狭い……
あと目線が
下がり気味だったから
それも
意識しなさい
あとは
間を持たせず話すから
聞こえづらいんだ
もう少し
落ち着いて
ゆっくり
は……
はい
まあ、今まで
わたし一人の前だったのが
初めて大勢の前でやったんだ
「いつも通り」
できなくたって
当然だよ

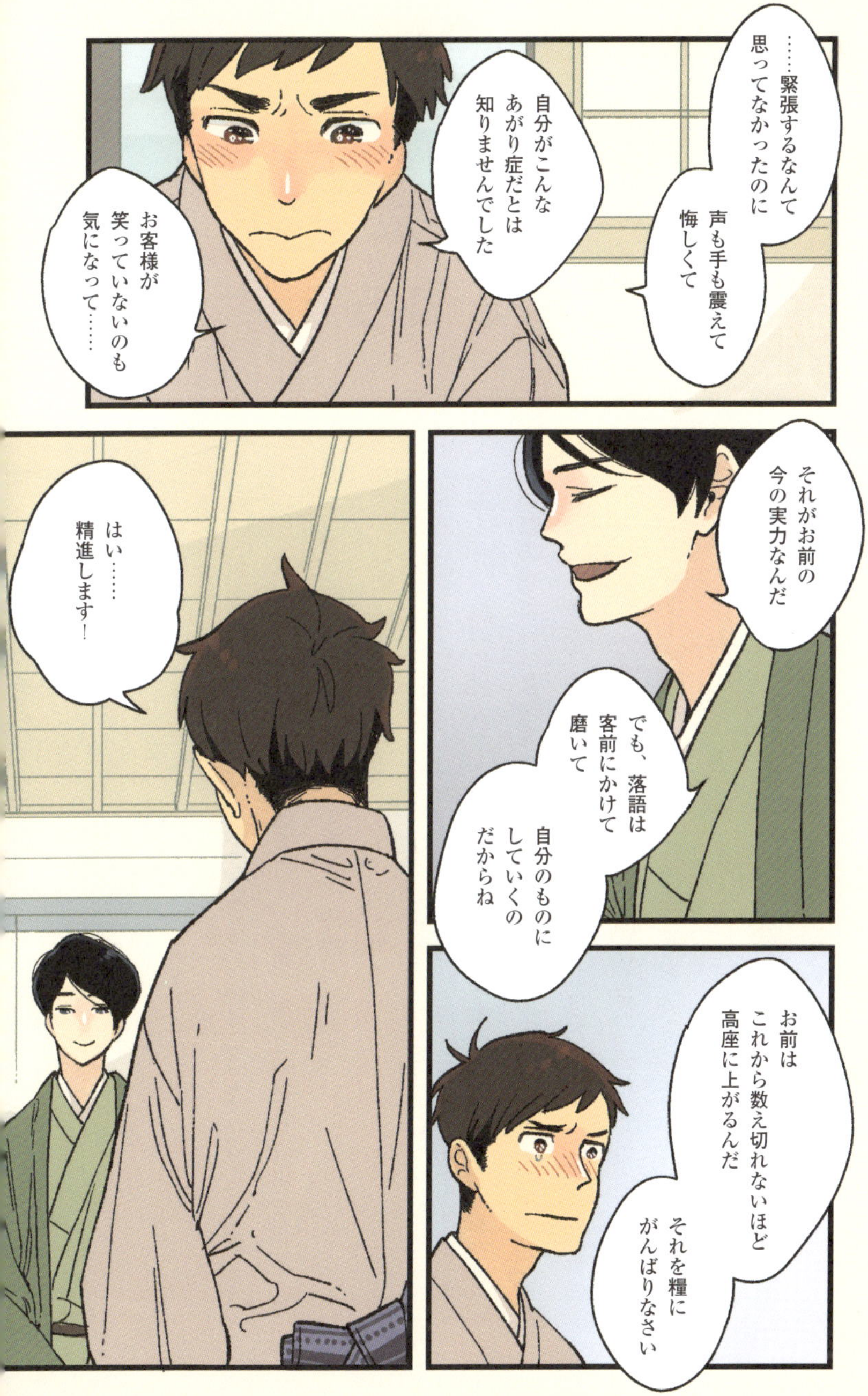
……緊張するなんて思ってなかったのに
声も手も震えて悔しくて
自分がこんなあがり症だとは知りませんでした
お客様が笑っていないのも気になって……
それがお前の今の実力なんだ
でも、落語は客前にかけて磨いて
自分のものにしていくのだからね
お前はこれから数え切れないほど高座に上がるんだ
それを糧にがんばりなさい
はい……精進します！

演じる

PLAY

噺《はなし》の構成・基本を知ろう

噺の流れの基本を知るとよりスムーズに聴ける

一

席の落語は、大まかにいうと3つの部分に分けることができる。導入の「マクラ」から始まり、本編、噺の「オチ」（「サゲ」ともいう）の三段階だ。落語の初心者も、この流れを知っておけば、よりスムーズに噺に入っていけるだろう。

もちろん実際の高座では、マクラをとばして本編に入ってしまうこともあるし、反対に導入であるはずのマクラが長く取られる場合もある。長い噺の場合は、最後のオチまで行かずに、途中の笑いの多い部分で終わる場合もある。それに、人情噺などの場合は元々オチがなく、演者の「……のお話でございます」などの締めのひと言で終わることもある。

また、マクラが終わる頃に落語家が羽織を脱ぐ、というのもよく見かけるが、これは「さあ、これから噺の本題に入りますよ」という合図だとされる。ただし、寄席などで持ち時間が短いときは、脱がずに終わる場合もある。あくまで参考として覚えておくとよい知識だ。

噺の流れの基本

きちんとした決まりがあるわけではないが、
こうい った流れで演じられることが多い。

前座が演じることが多い『道灌《どうかん》』

「落語に出てくる人物ってーと おなじみなのは熊さんに八っつぁん 横丁のご隠居さん バカな与太郎さんが出てきます。この熊さんや八っつぁんがご隠居のところに遊びに行くと 落語の幕開きでございまして……」

マクラ

噺の導入部のこと。決まり文句のほか、フリートークなどで盛り上げてから噺に入る人もいれば、本編に関連した小咄《こばなし》をしゃべる人も。

↓

八五郎《はちごろう》はご隠居の家で、屏風に描かれた絵を見て、太田道灌《おおたどうかん》の和歌に関する逸話を聞く。その逸話をまねて、提灯を借りたいと訪ねてきた友人をからかおうと試みる。ところが、友人は和歌を都々逸《どどいつ》と間違えて……

本編

噺の本題。ナレーションとしての「地《じ》の文」はほぼなく、登場人物のセリフと仕草で状況を表現する。

↓

友人　「なんだいそりゃ？
　　　短けぇ都々逸だなぁ」
八五郎　「都々逸ぅ？ おめぇよっぽど
　　　歌道《かどう》に暗《くれ》ぇな」
友人　「“暗い”から提灯借りに来た」

オチ（サゲ）

噺の結末のこと。なるべく言葉少なく簡潔に演じた方が、オチが際立って面白いとされる。

PLAY

落語家の入り口「前《ぜん》座《ざ》噺《ばなし》」

まずはひとつの噺の完成度を上げる

いざ入門したからといって、やりたい噺をすぐに演じられるわけではない。基礎をしっかり覚えるため、「ウケる」「ウケない」は関係なく、噺の土台作りから始める。まずはひとつの噺を何度も練習して、お客の前で演じられるレベルになるまで稽古をつけてもらう。

最初は誰でも、一席を自分のものにするだけで精一杯。特に寄席では雑用も前座の仕事だから、高座に上がる直前まで、先輩落語家にお茶を出したり、寄席の太鼓をたたいたりと、集中する時間も取れない。いつでも高座に上がれるように、持ちネタの完成度を高めることが重要だ。

ちなみに初めて習う噺は、柳家なら『道灌《どうかん》』（P.203）、林家なら『寿限無《じゅげむ》』（P.197）というように、一門ごとに大体決まっている。噺には、同じセリフを繰り返す「オウム返し」、長い言葉の羅列が出てくる「言い立て」など、いくつかパターンがある。いろいろな噺を演じていくことで、自分の向き不向きもわかるようになってくる。

前座の噺の一例

前座噺は簡単に見えて奥が深い噺が多い。
真打ちになってからも、さらに磨きをかけて演じ続ける落語家も。

子《こ》ほめ

ご隠居からお世辞の言い方を聞いた熊五郎。赤ん坊をほめてご祝儀をもらおうとするが、言い間違える(P.195)。

道灌《どうかん》

太田道灌の風流なエピソードを、ご隠居から聞いた八五郎。友人をからかおうとするが、言い間違えて失敗(P.203)。

ご隠居に聞いた言葉を真似るが

オウム返し

若者と、物知りのご隠居などとのやり取り。若者が失敗するというオチ。

たらちね

独り者の八五郎のところにお嫁に来たのは、名家出身のお嬢様。言葉が丁寧すぎて会話が成立しない(P.200)。

寿限無《じゅげむ》

和尚さんの助言を聞いてつけた、子どものおめでたい名前がとんでもなく長くて、騒動を巻き起こす(P.197)。

「寿限無寿限無……」

言《い》い立《た》て

長い言葉の羅列が出てくる噺。早口言葉のようなリズム感も魅力。

二人旅《ににんたび》

気楽な二人連れの道中を描く。謎かけや都々逸《どどいつ》を会話に織り交ぜながら進むが、いずれの出来もひどいもの。

初天神《はつてんじん》

お正月、初天神に行く熊五郎について来たのは子どもの金坊《きんぼう》。金坊は、事あるごとにおねだりをして……(P.206)。

体の動きや目線も大切

歩きながら話す

往来などを歩きながらする会話は、それに伴う動きの表現が必要。

PLAY

落語の噺《はなし》が本当みたいに見える理由

″らしさ″を表現する落語のバーチャルリアリティ

落語の醍醐味のひとつは、噺を聴いているだけで、そこにリアルな世界を想像できること。右を向くと大家さんが現れて、左を向くと熊さんが現れる。それをひとりの演者が、表情や仕草だけで表現するのが、落語の芸としての面白さ。

人物だけでなく、その空間そのものもプロデュースする。例えば、長《なが》屋《や》で繰り広げられる噺なら、演者は「長屋にいる」かのように、想像力を巡らせて演じなくてはいけない。そこでお茶が出されれば、本当に飲んでいるかのような″本物らしさ″が大切になってくる。多くのお客が想像できるような、″それらしい″感じに演じることはなかなか難しい。

落語はひとりで演劇をやってしまっているようなもの。そこに漫談などのお笑いとのちがいがある。お客が自然と物語に入り込めるバーチャルリアリティを創り出したうえで、言葉遊びや笑いがあるというのが、本来の落語のスタイルなのだ。

表現ひとつで情景が変わる

落語家が演じるうえで大切なのは、“らしさ”を追求すること。
お客が聴いて想像できるように、それらしく語る。

子どもと歩く

子どもの大きさを想像してみよう

目線の高さで、何歳くらいの子どもなのかわかる。

小さな子どもと
歩いている
子どもが
10歳くらいに

湯飲みを持つ

湯飲みの大きさも想像してみよう

大柄の演者が標準的な人と同じ持ち方をすると、湯飲みが大きく見えてしまう。

普通のサイズの
湯飲みでも……
大柄の人がやると
やや大きなサイズに

演じる

PLAY

「上下《かみしも》を切る」とは？

人々の会話を表現する

落語の演技のスタイルに、「上下を切る」という表現がある。落語は、登場人物同士の掛け合いで成り立つ会話劇。顔や視線の向きを左右に変えることで、2人以上の人物が話している様子を表現する。ただ、噺の中で自然にそのやりとりが行われるため、お客が意識することはほとんどない。

基本的には、客席から見て右手は「上手《かみて》」、左手は「下手《しもて》」とされる。上手はご隠居や大名などの位の高い人物、下手は与太郎や子どもなど年下の人物を表す。夫婦の場合は、夫が上手で妻が下手。また、家の中での噺では、訪問者は下手から現れ、住人は上手で出迎えるのが一般的だ。

ちなみに、上下を切るというと、首を左右に大きく振っている、というイメージがあるかもしれないが、実際の動きはそこまで大きくない。顔の向きを変えることだけでちがう人物を表すのではなく、演者がその人物になりきることによって、声や表情、姿勢などのちがいを表現する。

上手と下手で別の人物になる

顔の向きを左右に変えるだけで、ひとりの落語家が複数の人物を演じる。声色や表情の変化にも注目したい。

下手

演者は客席から見て右側に視線を向ける。与太郎や子どもなど年下の人、上手に対して位の低い人物などを表現する。

上手

演者は客席から見て左側に視線を向ける。ご隠居や年上の人、大名などの位の高い人物を表現する。

「上下を切る」のは肩幅くらいのスペースが基本

落語を始めたばかりの見習いは、首を左右に大きく振ることが多い。でも、大体は両腕を肩幅に広げて伸ばし、小指と小指の間を見るくらいがベスト。意外と狭い。

演じる

PLAY

役を演じ分けるとは？

姿勢や表情で別の人間になる

落語家が落語を演じるときに使う小道具は、扇子と手拭いのみ。もちろん、衣装を変えるということもない。姿勢や表情、声色や仕草で、老若男女の全てを演じる。

性別や年齢を演じ分けるには、その記号となる仕草を表現することも大切だ。例えば女性なら、着物の襟を合わせる、胸を張って胸高の帯を意識させる。とにかく、自分がその気になって演じることがまず大事。

演者の年齢や個性もあるので、得意不得意があるのも事実。駆け出しの落語家が、自分と年が近い小僧や若旦那は得意だが年配者は苦手、ということはよくある。稽古で、ご隠居と八っつぁんの会話が高校生のおしゃべりのようになってしまうことも。

役柄が自分から遠くなるほど、演じることは難しい。男性にとって難易度が高いのは、やはり女性の演技。そのため、女性を女性らしく演じられるだけでも、落語家として魅力のひとつになる。

年齢・性別で演じ分ける

それぞれの人物の「記号」を表現することでそれらしく見える。
（ただし、その人物になりきるからこそ、出てくる仕草、キャラクターもある。）

上目遣いを意識する。

着物の襟を合わせる。肩を落としてなで肩に、小さく見せる。

指を指すときはかぎ形に曲げる。ちょっと耳が遠い感じに。

腰の曲がったおじいさん。扇子で杖を表す。顔もしわしわ。

古典落語によく出てくる
登場人物

古典落語に出てくる、代表的な登場人物を紹介。
同じ名前でも噺ごとにちがう人間なのだが、どことなく似通っている。

八っつぁん（八五郎《はちごろう》）

お調子者でおっちょこちょい。ご隠居の話も半分しか聞かず、その通りに真似しようとして失敗ばかりしてしまう。

出てくる噺の一例

- たらちね（P.200）
- つる（P.202）
- 道灌《どうかん》（P.203）

ご隠居《いんきょ》

もの知りで知られる老人。わかりやすい話が若者にも人気。ホラ話や知ったかぶりをすることもあるが、憎めない。

出てくる噺の一例

- 子ほめ（P.195）
- つる（P.202）
- 道灌《どうかん》（P.203）

おかみさん（女房）

うだつの上がらない亭主に比べ、一枚上手として描かれる。滑稽噺や人情噺など、ジャンルを問わず登場。

出てくる噺の一例

- 青菜《あおな》（P.188）
- 粗忽《そこつ》の釘（P.198）

熊さん（熊五郎《くまごろう》）

血の気が多く威勢のいい江戸っ子。職業は大工で酒好きという設定が多い。『子別れ』では酒乱がもとで離婚。

出てくる噺の一例

- 子別れ（P.195）
- 粗忽長屋《そこつながや》（P.198）
- 初天神（P.206）

与太郎《よたろう》

抜けたところが多く、あきれられながらも愛される人物。言われたことを鵜呑みにして実行し、失敗する。

出てくる噺の一例

- 金明竹《きんめいちく》（P.193）
- 牛《うし》ほめ
- かぼちゃ屋

子ども（金坊《きんぼう》、亀吉《かめきち》）

生意気に父親をからかったり、両親の仲を取り持ったり。大抵は知恵の回るしっかり者として描かれる。

出てくる噺の一例

- 子別れ（P.195）
- 真田小僧《さなだこぞう》（P.196）
- 初天神（P.206）

小僧《こぞう》（定吉《さだきち》）

商家《しょうか》に奉公している身分の小僧さん。子ども同様しっかりした性格で、大人社会を生き抜く知恵を持っている。

出てくる噺の一例
- 寝床（P.206）
- 花見小僧（おせつ徳三郎、P.192）

大旦那《おおだんな》

若旦那の父親。親心から、息子を心配する役回り。しかつめらしい顔と、息子への愛情あふれる面がある。

出てくる噺の一例
- 明烏《あけがらす》（P.188）
- 二階ぞめき（P.205）
- 百年目

番頭《ばんとう》

商家で働く使用人のトップ。大旦那と若旦那の間を取り持つなど、仕事以外に気苦労も多い、噺の名脇役。

出てくる噺の一例
- 二階ぞめき（P.205）
- 片棒
- 七段目

若旦那《わかだんな》

世間知らずのマイペースなお坊ちゃまとして描かれる場合が多い。『船徳』では勘当されて船頭の仕事につく。

出てくる噺の一例
- 明烏《あけがらす》（P.188）
- 二階ぞめき（P.205）
- 船徳《ふなとく》（P.207）

遊郭《ゆうかく》で働く女性を「遊女《ゆうじょ》」「女郎《じょろう》」という。花魁とは、吉原《よしわら》の上級遊女のこと。遊郭を舞台にした「廓噺《くるわばなし》」で重要な役どころを務める。

出てくる噺の一例

- 明烏《あけがらす》(P.188)
- 紺屋高尾《こうやたかお》(P.194)

花魁《おいらん》

幇間《たいこ》

「太鼓持ち」というように、場を盛り上げる役目の人物。旦那衆の言葉に右往左往する姿がよく見られる。

出てくる噺の一例

- 愛宕山《あたごやま》(P.189)
- 幇間腹《たいこばら》

和尚《おしょう》

ご隠居と同様、もの知りで知られ、頼りにされる存在。一方で知らないと言えないなど、人間くさい面もある。

出てくる噺の一例

- 寿限無《じゅげむ》(P.197)
- 転失気《てんしき》(P.203)

武士《ぶし》

大名の重臣や家来をはじめ、血の気の多い侍、貧しいが気位の高さは失わない浪人など、様々な人物が登場。

出てくる噺の一例

- 井戸の茶碗 (P.189)
- 目黒のさんま (P.209)

今日は師匠の独演会《どくえんかい》
お後《あと》よろしくお願い致します
よろしくお願いします
久々に師匠の落語が聴ける！
弟子入り前は客席から正面で見ていた高座だけど
入門したら正面から見るのはご法度だ

※1 P.206 参照　※2 長屋の住人のこと

まあ下手なものですから
1度目があっても2度目がないんですね
聴かせる相手がいないものですからご馳走や酒を用意して長屋の連中を呼びに行かすわけでございます
おっ帰ったかい
それで誰が来るんだい？
パッ
いや……来る奴は来るし来ない奴は来ないってことで
クス クス
なんだいそりゃ
え？ 眼病？ なんだって眼の病で義太夫が聴けないんだ

もういい！
もういい！
そんなに私の義太夫が
聴きたくないなら
それでいいよッ
でもまぁ
そんな義太夫の良さも
わからん輩に貸す長屋は
ないからね
え!?
明日には
出てってもらうよう
伝えてきな
旦那
豆腐屋さん
がんもどき
大変だったねえ
い、いえ、もう！
がんもどきを
こしらえたって
いびつになったり
生揚げになったりで
かかあが
しょうがない
そんな聴きたいなら
行っておいでってんで
長屋の住人①
まあでも
うまい酒だね！
飲んでないと
やってらんないよ
ほらこーゆーもん
でもひっかけて
神経マヒさせなきゃ
長屋の住人②

わっ
始まった！
頭に音がぶつかったら
イチコロだぞ！
なんとか
褒めてやりなよ
えぇ～？
すごい
俺は『道灌《どうかん》』で二人を
演じ分けるだけでも
精一杯だったのに
話す速さ
間の取り方
肩の動かし方や
指先の仕草
ついつい
引き込まれる
前はざわついているが
静かになってきている
さてはさぞ
聴き入っているね
どんな顔をして
聴いているんだろうと
顔を上げて……
あれっ？
なんだい？

何より
客席の空気を読んで
セリフの強弱や長さを
調整してる
話しながら
微調整してるんだ
今まで
気にしていなかった
なんだい
ひとりも起きてや
しないじゃないか!
この間、師匠に言われた
「落語は客前にかけて
自分のものにしていく」
ということを
師匠の落語そのものに
教えてもらっている
ような気持ちになった
師匠
やっぱり
かっこいい……!

子どもでさえ義太夫の情がわかるのに恥ずかしくないか！
ああ、どこが泣けたんだい？「馬方三吉子別れ」か？「宗五郎の子別れ」か？
そんなとこじゃないあすこでござんす
あれはあたしが義太夫を語った床じゃないか
あすこがあたくしの寝床でございます
ドドン…
パチパチ
パチパチ
ああ！今すごく落語がしたい
もっともっと稽古をして
今度こそあそこへ座って
お客さんの笑っているところが見たい！

はやく
師匠
お疲れ様でございます
一刻もはやく
お時間のある日はありませんでしょうか
稽古をつけていただきたいんです
ああ、やっと自分から言ったね
え？
うちは別に学校じゃない
教えてほしいと言ってこないやつには教えられないからね

※1 P.204 参照　※2 P.96 参照

そ、そうなんですか
知らずに申し訳ありません
しまった……
まあその気概は買うとしよう
お前が二ツ目になったら教えてあげるよ
それまでにもっとたくさんの噺を覚えないとね
明後日の夕方でいいかい
はい！よろしくお願いします！

花緑の
噺家こぼればなし

03 自分の持ちネタ

一番最初の噺は9歳で覚えた

始めにも書きましたが、僕が落語家になると決めたのは、小学6年生のとき。そして、最初に落語を習ったのは9歳のときでした。1席目は、『からぬけ』という与太郎噺。全7分くらいの長さで、初めて人前でしゃべったのもその噺です。2席目は『桃太郎』という親子の掛け合いを描く噺。2席目までを教えてくれたのは、今は祖父の名前を継ぎ、6代目柳家小さんとなった僕の叔父。3席目の『芋俵《いもだわら》』という泥棒の噺が、師匠でもあった祖父の5代目小さんに、初めて教えてもらった噺でした。

本来は、落語家に入門したら、まずはその流派ごとの「前座噺」と呼べるものを覚えます。最初に覚える噺も、柳家なら『道灌《どうかん》』(P.203)、林家は『寿限無《じゅげむ》』(P.197)、そのほか『子ほめ』(P.195)、『たらちね』(P.200)などと大体決まっています。

でも、僕の場合は、少しイレギュラーな部分がありました。祖父の落語を聴いて、いいな、覚えたいなと思ったものから順に覚えていったんです。教えてくれる人も近くにいた。15席目に『道灌』を覚えたところで、前座になりました。前座のときに兄弟子の小三治《こさんじ》師匠に教えていただいた『野ざらし』は、「今はまだ難しいからお蔵(お蔵入り)にしろ」と言われ、二ツ目になってから解禁したネタです。

現在の持ちネタは191本(2016年12月現在)。ただ、せっかく覚えた噺を忘れてしまうこともたくさんあり、常に記憶力との闘いです。最近、僕の独演会では「練り直しの会」というのをやっていて、過去に1、2回やっただけで封印していたネタを、もう一度高座にかけて復習するんです。自分のネタの総ざらえですね。新作落語も加え、現在もネタの総数は増え続けています。

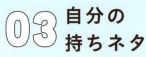

三席目

仕草

実際には存在していないのに本当のように見える、落語の「仕草」。小道具の扇子と手拭いだけを使って表現する名人芸だ。

『まんじゅう怖い』という 有名な前座《ぜんざ》噺《ばなし》がある
大福あります
いらっしゃいませ!
文字通り まんじゅうを 題材にした噺に
すみません まんじゅう2個 ください
おっ!? 怖いなんていって 全部食っちゃってん じゃないか!?
はい! いつも ありがとうございます
お前本当は 何が怖いんだ!
あとは苦い茶が 一杯怖い
絶賛
苦戦中だ

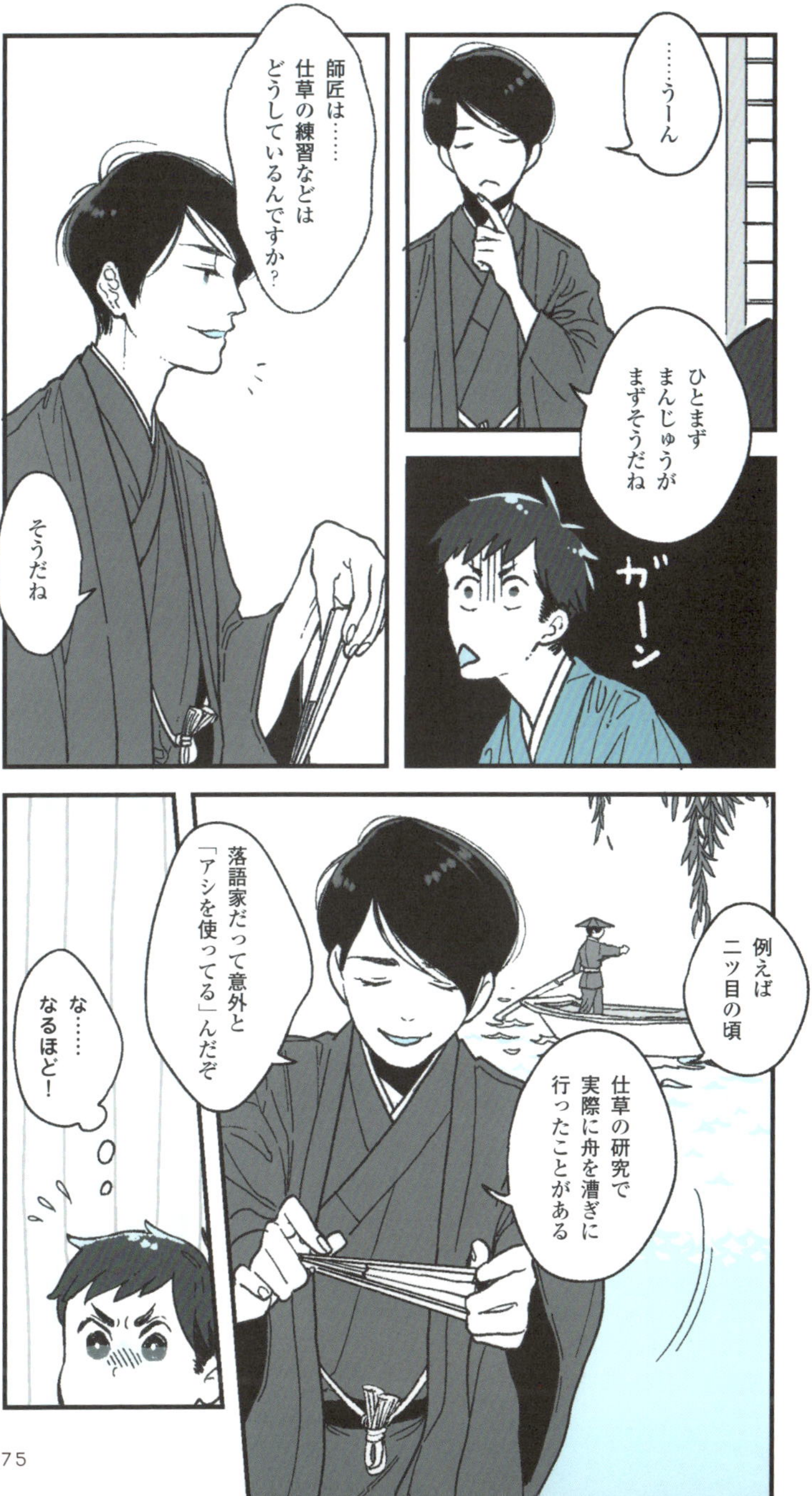
……うーん
ひとまず まんじゅうが まずそうだね
ガーン
師匠は…… 仕草の練習などは どうしているんですか?
そうだね
例えば 二ツ目の頃
仕草の研究で 実際に舟を漕ぎに 行ったことがある
落語家だって意外と 「アシを使ってる」んだぞ
な…… なるほど!

『まんじゅう怖い』は
わかりやすい滑稽さはもちろん
まんじゅうを
食べる仕草も
魅力のひとつだと思う
物を食べるなんて
毎日やっている仕草だから
正直結構
自信があったけど…
落語で使う小道具は
いたってシンプル
扇子と手拭いだけ
手紙を読む
煙草《たばこ》を吸う
字を書く
それで何でも
表現しちゃうから
面白い

師匠の『まんじゅう怖い』を聴いたらついまんじゅうが食べたくなった
仕草だけでそんな風に人の気持ちを動かせるなんてわくわくする！
けれどそれは
想像以上に難しかった
普段の仕草を表現することが
んぐ
まんじゅうの重さ、柔らかさ、温度
こんなに難しいなんて……
傍《はた》から見ているだけではわからない
師匠方のすごさを痛感する

うじうじと悩んでる場合じゃないな
俺は「なげえもの」が何でも苦手なんだ蛇にうなぎにうどんにそばも食わねえんだ
お前は何が嫌いなんだ？
……まんじゅうだ
まんじゅう？そりゃどんな虫だ？
いや食うまんじゅうだ

あんまりまんじゅうの話をしないでくれ
ああ寒気にめまいまでしてきた
そりゃ悪いことしたね少し休んでいきなよ
おいまんじゅうが怖いなんて変わってやがんなぁ
こりゃひとつ脅かしてみようじゃないかっ
そばまんじゅうに栗まんじゅうくずまんじゅう……
ああこんだけありゃ飛び上がって驚くぞ!
あぁっまんじゅう怖い!
ひえ～っんん～
ん?こりゃこしあんか?
おおこっちはくずまんじゅうか
おっ!?怖いなんていって全部食っちゃってんじゃないか!?

お前本当は何が怖いんだい？
あとは苦い茶が一杯怖い

最後の襖《ふすま》を開けるところから急に走ったね
バテたのかい？
上下《かみしも》が何か所か逆になっていたよもう一度きちんと整理しなさい
ただ
まんじゅうは前より随分とおいしそうだったね
あ……ありがとうございます！

この間の稽古から
毎日?
毎日
鏡の前で
まんじゅう食べてきた
甲斐がありました
極端なやつだな
しかし!
今回は仕草は
良しとしても
さっきも言ったが
ほかがてんでだめだ
特に
長屋の衆の語り
なんてめちゃくちゃ
だった
もちろん仕草は
大事だけれど
噺の一部に過ぎない
ことを忘れては
いけないよ

声の大きさや早さ
課題が増えているじゃないか
確かに……
仕草にばかり気がいって気づかなかった
……すみません……
まあ
ひとつずつやっていくしかないね
師匠はいつでも優しく厳しく導いてくれる
はい！
よろしくお願いします！

仕草と小道具

落語家が噺を演じるときに使う小道具は2つだけ。そのほかの仕草は全て、自分の演技力でカバーする。

小道具は「扇子」と「手拭い」だけ！

扇子

よく知られるのが、煙管《きせる》に見立てて煙草《たばこ》を吸う仕草や、箸《はし》に見立ててそばを食べる仕草。盃にそろばん、何にでもなる。

見立てるもの		
・煙管	・筆	・刀
・箸	・舟の櫓《ろ》	・槍
・盃	・そろばん	など

手拭い

花緑師匠の手拭いコレクション。名前がデザインされたオリジナルも。

いろいろな種類があり、カラフルで楽しい。自分の名前が書かれたオリジナルの手拭いも。高座で汗を拭くのにも便利。

見立てるもの	
・財布	・焼き芋
・手紙	など

PART.1

動きの表現

仕草あれこれ

何もないのに、あるように見えてくるから不思議。中でも代表的なもの・面白いものを紹介する。

演技／柳家花緑

そばを食べる

扇子を箸に見立て、左手の椀から食べる

1

2

3

4

5

焼き芋を食べる

手拭いを焼き芋に見立てて、かぶりつく

1
皮をむいて……

2
ガブッ!

3
あちち……
ハフハフ

まんじゅうを食べる

両手でまんじゅうを割り、口にほおばる。食べるときのモチャモチャした音も再現

1
割って……

2
パクリ!

3
もぐもぐ
うまい……

大きな盃でお酒を飲む

大盃は扇子を開いて。口の方からお酒を迎えに行くとリアル

おちょことっくりで

小さなおちょこは片手で表現。扇子をちょっと開きとっくりに

手紙を書く

扇子を筆、手拭いを紙に見立てる。文字が書けるのは学のある人なのでサラサラと

左手で紙を押さえるようにすると、文机《ふづくえ》で書いているように見える

手紙を読む

扇子を封筒→手紙と見立てる

目線を上から下に動かすことで、読んでいる感じが出る

そろばんを弾く

扇子を少し開いてそろばんに。指の動きでそろばんを表現

1

2

商家の番頭などがよくそろばんを弾いている

財布を開ける

紙入れの場合は手拭いをたたんで、袋の場合は広げて見立てる

◆紙入れの場合

◆お金が袋に入っている場合

江戸の庶民の普段使いのお金は硬貨。袋に入れて持ち歩いた

煙草《たばこ》を吸う

手拭いは煙草入れ、扇子は煙管《きせる》に見立てる

1
煙管に煙草の葉を詰める

2
火種で火をつける

煙草盆に火をつけに行く。息を吸いながらお迎え火

3
吸う

口をすぼめて吸い込み……

4
ふーっ……

5
吸がらを落とす
トントン

煙管の柄をたたき、吸がらを落とす

馬子《まご》

馬を引いて人や荷物を運ぶ職業の人。手拭いで汗をぬぐいながら

花魁《おいらん》

遊女である花魁は、膝を崩して色っぽく。煙管も優雅に持つ

武士

斬りかかられたときに、煙管の柄で受けられるように持つ

肩をいからせてりりしく。手は礼儀正しく、足のつけ根に置く

煙草盆。火種の入った「火入《ひいれ》」と、灰を落とす「灰吹《はいふき》」が入っている

PART.2
人物・そのほかの表現

駕籠《かご》かき

2人一組が基本。前の人は片手でかつぎ棒を支え、片手に杖を持ってバランスを取る

◆前の人は扇子を杖にして軽快に

◆後ろの人は重そうに

2人一組で駕籠をかつぎ、お客を乗せて運ぶ職業

船頭《せんどう》

まずは棹で押し出して岸から離れ、櫓を漕いで舟を進める

1 棹《さお》で押し出して……

2 櫓《ろ》で漕ぎ出す

3

江戸時代の水上タクシー。小さな舟は船頭ひとりで操船する

武士

武士を演じるときは袴をつけることもある。りりしい表情で

動物

両手を前足に見立て、グーにしてそろえる

『元犬《もといぬ》』の犬や、『狸《たぬき》の札《さつ》』のたぬき、『動物園』のライオンなど

棒手振《ぼてふり》

天秤棒を肩にかついで歩いている様子を表現

天秤棒の前後にかごを下げて、野菜や魚などを移動販売する

幽霊＆驚く人

両手を前にだらりと垂らし、恨めしそうな表情

『お菊の皿』(P.190) など幽霊が出てくる噺も。手の形がポイント

PART.3

落語『初天神』の仕草

（P.206）

初天神詣でに出かけた父親について来た子ども。「あれ買って」「これ買って」と大騒ぎのひと幕を再現。

1
父
今日は何も買わねえって約束だ！
子ども
何か買ってよ〜

2
しかたねぇなあ……連れてくるんじゃなかったよ
わーん!! 買って!!

3
やった！ あめを買ってもらった
結局団子も買ってもらったよ

花緑の
噺家こぼればなし

04「仕草」の技術

落語『時そば』は名人芸

演目の中であまりにもポピュラーな『時そば』（P.204）。しんしんと冷え込む冬の深夜、屋台で熱いそばをすする仕草が印象的な噺です。寒い時期の高座でかけられることが多く、アツアツのおそばをすする仕草を見て思わず食べたくなって、終演後にそば屋へ駆け込むお客も多いとか。

この噺、有名だからこそ、落語家は全員『時そば』が演じられるものだ、と思う方もいるかもしれません。しかし、『時そば』はおそばを食べる仕草を「見せる」演技がとても重要になってくる噺。食べ物をおいしそうに見せる演技はとても難しいので、仕草に自信のない落語家は、あまりやらない噺です。

僕の師匠である5代目柳家小さんは、前座はもちろん、二ツ目の落語家ですら、寄席の出番のはじめの方ではやるべきではない、と言っていました。それは、こういった「見せる芸」は、客席がある程度温まってからやるべきものだということ。マンガの中で藤太が『時そば』をやりたいと言って、師匠に「10年早いよ」と言われてしまうのはこういうわけです。

このように、仕草とひと口に言っても奥が深く、極めるのはかなり難しいのが事実です。また、江戸時代にしかなかったものを演じる場合もあります。僕自身も、若旦那が船宿の船頭になるという落語『船徳』（P.207）を演じる際に、「舟を漕ぐ」という動作が感覚的に理解できず、実際に取材をしたことがありました。都内に「和船《わせん》の会」という会があり、昔の舟を漕がせてもらったんです。池などで漕ぐボートの2本のオールとちがって、和船を漕ぐ「櫓《ろ》」は1本、舟の後方でかじ取りをします。和船に関しては、お客さんにも知らない方が多いと思ったので、落語の前にその練習風景を動画で流したこともあります。

四席目

いろいろな落語

明治時代以前に作られた「古典落語」と大正時代以降に作られた「新作落語」。東京の「江戸落語」と関西の「上方落語」。いろいろな種類の落語を聴いてみよう。

今日は
本日の催し
二人会
うちの師匠が
柏家《かしわや》鼓五郎《こごろう》師匠と
定期的に行っている
二人会のカバン持ちだ
師匠のお宅に寄って
着物だけお預かりして
師匠自身は後で
到着されるのが
うちのルール
おはようございます！
おはようございます
本日はどうぞよろしくお願いします
おはようございます

鼓《こ》うじ兄《アニ》さん!おはようございます
藤太
おはよう 今日はよろしくな
この人は鼓五郎師匠のお弟子さん
はい!お世話になりますよろしくお願いします!あれ、いつもは師匠と一緒にいらっしゃるのに
今日は師匠前に別の仕事が入ってマネージャーさんと後で来るんだ
同じ前座で2年先輩いろいろお世話になっている
25歳で年下だけどこの世界では1日でも早く入門したら兄さんだ
相変わらず元気だな〜
鼓五郎師匠の新作落語久々に聴けるの楽しみで!
鼓五郎師匠は新作落語を得意とする落語家
師匠今日は新ネタかけるって言ってたから俺も楽しみだな
えっそうなんですか!
ああ

鼓うじ兄《アニ》さんは新作がやりたくて鼓五郎師匠に入門したんですか？
もちろん！
元々落研《おちけん》※にいて新作やりたくてね
新作やらせてくれるところ探して師匠に頭下げに行ったよ
10回くらい断られたけど
10回も!?
弟子の取り方も十人十色だ
藤太は違うのか？
俺は青藤師匠にほれたってのが大きくて……
落語って笑うだけのものだと思ってたんですけど
人情噺《にんじょうばなし》とか怪談噺《かいだんばなし》とか師匠の噺を聴いて落語の世界の厚みに感動したんです
確かに青藤師匠の人情噺は絶品だよなぁ

※落語研究会

そういえば
前座でも新作の稽古とかするんですか?
いやいや
まずは古典をちゃんとできるようにたたき込まれるよ
もちろんネタ帳にネタは書き溜めているけどね
昨日も稽古で途中でセリフ飛んじゃって叱られたよ……
でも金も取らず教えてくれるなんてありがたい限りだよな
伝統芸能だから?
慣例?
そういえばなんでなんだろう
そうですよね
むしろ食事に連れて行っていただいたり
あっ
まずい
そろそろ師匠が到着される!
急げ!

オタフク
コイ コイ
まもなく開演となります
携帯電話や音の鳴るものは電源をお切りになり……
パチ パチ
パチ パチ
ドッ
アハハ…
ハハハー…
クスクス

ドッ
フフッ
お疲れ様でございました！
鼓五郎師匠の新ネタすごい面白かったです！
なんだ藤太 新作に興味あるのか？
実は少し興味があって
藤太…… 新作は噺をゼロから作り上げるものなんだ
覚悟が必要だ
安易に言ってはいけないよ

そ
そうなんですか！
申し訳ございません
覚悟か
確かにそうかもな
しかし俺は古典をやるときの方が緊張するかもなぁ
「古典落語」も作られたときには人様の「新作」だったんだからよ
人様の噺やってる訳だからね
？

江戸から作られた噺が
そりゃ何百編とあった
それが今
高座でかけられるのが
多く見積もっても三百
しかもその時代に合わせて
今までの師匠方が
磨き上げてきたネタです
面白くないわけ
ないですからね
これでウケなきゃ
自分の技量不足が
おおっぴらに
わかっちまう
そのうえで
自分の色も
出さなきゃ
いけないんだ
なるほど
そんな風に考えた
ことなかった
そりゃ
緊張するね
お待たせしました！
タクシー到着しましたので
楽屋口までお願いします
はいよ

師匠 ひとつ伺っても いいですか？
なんだい？
師匠が 弟子を取る 理由ってなんですか？
はぁ？
お前が弟子入り したいって 言うからだろ
わたしは 弟子を募集したこと なんてない
すみません そういう意味 じゃなくて！

よく考えたらすごく独特の文化だなって……
それは
わたしも師匠に弟子に取ってもらったからだよ
カンタンだろう？
ありがとうございます！
は
はい

古典落語と新作落語のちがいとは

古典は「カバー曲」新作は「オリジナル曲」

古典落語とは、一般的に明治時代以前に作られた噺のことを指す。長い年月を経て生き残ってきた噺であり、先人によりいろいろな解釈で高座にかけられてきたという積み重ねもある噺。それをさらに、今の落語家が自分なりの解釈を加えて演じているのが、古典落語だ。

一方で、現代の新作派と呼ばれる落語家は、基本的には自分で噺を作って演じる、自作自演タイプがほとんど。戦後、独創性あふれる作風で、そのスタイルを開拓したのが、三遊亭圓丈（P.229）。その後の新作を演じる落語家にも大きな影響を与えた。

古典とのちがいは、要するにその時々のキーワードが出てきて、お客にもわかりやすいということ。高座でもウケやすいが、反対にいうと、古典落語のような味わいには及ばない分、ウケなければ意味がないともいえる。そのプレッシャーの分だけ、覚悟が必要。新作落語をやるということが、イコール落語家の生き方といってもいいかもしれない。

古典と新作のちがい

古典、新作にかかわらず、落語家自身の生き方を
感じに行くのが高座なのかもしれない。

古典

受け継がれた名作

それぞれの落語家によって、カバーアルバムのようにオリジナリティを加えて演じられている。しかし当時は、落語の全てが新作であり、江戸時代の落語家とは新作をやるものだったという。その中でも、多くのお客に受け入れられた噺が、現代に残って古典になったと考えられる。

定義

江戸～明治時代頃に作られ、成熟した噺。

設定

江戸時代の風俗や生活習慣が登場する。その状況を現代に置き換えて演じられることも。

作者

ほとんどの場合は作者が不明。

新作

自作自演のシンガーソングライター

落語家が自分で作った噺を演じる。本人とは別に、落語を作ってくれる作家や、アドバイスをしてくれる人がいる場合もある。新作落語をやりたくて入門する場合は、三遊亭圓丈一門の白鳥、三遊亭圓歌一門の歌之介、春風亭柳昇一門の桃太郎、昇太など、新作を積極的にやる師匠につく弟子も多い。

定義

大正時代以降に作られた噺。

設定

現代のシチュエーションが多いが、「髷《まげ》物《もの》」（江戸時代を舞台にした噺）もある。

作者

作者がわかっている場合が多い。現代の新作は、基本的に自作自演。

柳家花緑は洋服で新作を演じる
「同時代落語」にチャレンジしている

新作落語を演じる落語家の一例

- 桂文枝
- 三遊亭白鳥
- 春風亭昇太
- 春風亭百栄
- 笑福亭鶴瓶
- 立川志の輔
- 立川志らく
- 林家彦いち
- 柳家喬太郎
- 柳家花緑

（五十音順）

いろいろな落語

VARIOUS RAKUGO

「古典落語」も更新され続けている

演者によって噺が変わる

古典落語とひと口に言っても、師匠から学んだ噺を、同じように演じるだけではない。古典落語を演じることは、名曲をカバーするようなもので、自分なりのアレンジを加えることも多い。ストーリーの大まかな流れは変わらないが、演じる人によって、登場人物の言葉づかいはもちろん、演技やオチが変わるというのも珍しくない。

前座の時代は、基本的に自分の師匠やほかの師匠のスタイルを踏襲する。二ツ目になると、どんな噺もチャレンジをし、稽古を重ねていく。そして、真打ちともなれば、古典落語をアレンジするのに、誰の許可もいらない。それが、オリジナリティを突き詰めていくことになる。

さらに、古典落語を大胆に再構築したものを「改作」と呼び、「途中まで何の噺かわからなかった」と思われるくらい変えてしまい、新作のような扱いで演じることもある。伝承芸でありながらも間口が広く、幅広い演じ方ができるのだ。

師匠と弟子とで話が変わる

オチ（サゲ）まで大胆に変えてしまうこともある。例えば、
碁仲間である老人二人の喧嘩と仲直りを描いた『笠碁』（P.191）。

『笠碁』の場合

「さあ、なに、あなたと喧嘩したってしょうがないよ。子どもの時分からの友だちでさ。ね、そうでしょ。この町内であなたと私の二人っきりだからね、本当だよ。あとはみんな先に逝っちまってさぁ、仲良くやらなくちゃ……あれ、何だいこりゃ、盤に水が垂れるね。雨漏りするはずがないんだがねぇ、おかしいね、何だいこの水は……おおっ、まだかぶり笠取ってねぇじゃねぇか」
碁敵は憎さも憎し懐かしし―おなじみの『笠碁』でございました。

師匠

5代目
柳家小さんの
オチの一節

↓

「じゃあ、かぶり笠取りますから、ちょっと待って」

「早速、待ったですか。どんどんいきましょう」

「いや、やっぱり待ったはよしませんか」

「どうしてですか。また喧嘩になりますよ」

「いやぁ、この一盤打つまで長かった。待つのはもうこりごり」

弟子

柳家花緑の
オチの一説

柳家花緑は師匠である5代目柳家小さんの十八番、『笠碁』のアレンジに挑んだ。登場人物の造形に加え、特にオチに込めたのは、自分なりの噺のテーマ。退屈しながら時間を過ごすより、限られた一生を楽しんで過ごした方がいい、という思いを込めて作ったという。

「江戸落語」と「上方落語」のちがいとは

江戸落語は「聴かせる」上方落語は「笑わせる」

江戸が発祥の江戸落語と、関西（上方）が発祥の上方落語。元々は、語りを聞かせるのが前者、笑わせる意識が強いのが後者といわれる。関西に根付く漫才と同様に、上方落語は爆笑度が高い。対して、東京の落語は、同じく土地に根付く講談や浪曲のように、語り込んでいく、聴かせるスタイルのものが多い。

この風潮は、元祖である上方落語が、戸外で演じられていたということも一因だろう。通行人の足を止めるために、派手なアクションや笑いが要求された。そのため、小拍子《こびょうし》で見台《けんだい》をたたいて場面転換を図り、三味線が「ハメモノ」として、噺に挿入曲として入ってくる。元来屋内で行われてきた江戸落語は、見た目の派手さはあまりない。扇子と手拭い以外の小道具はほとんど用いず、出囃子《でばやし》すら江戸時代はなかったという。

現在は、徐々に東西の垣根がなくなりつつある。東京でもウケる落語が求められ、関西でも聴かせる落語の良さが見直されている。

江戸と上方のちがい

扇子と手拭いだけで演じるのが江戸落語、
上方落語は、見台や小拍子なども使って盛り上げる。

江戸落語

「語り」を聴かせる

落語家の階級

「前座」「二ツ目」「真打ち」の昇進制度がある。

主な流派

「柳家」「柳亭」「三遊亭」「桂」「古今亭」「林家」など

発祥

諸家に招かれたり、お寺などの一角を借りて、来場者に語って聞かせた。

高座のスタイル

・扇子と手拭いで仕草を表現する。
・三味線は出囃子として入場時のみ使われる。

上方落語

「笑わせる手段」のひとつ

上方落語の基本スタイル

見台《けんだい》
高座の雰囲気を作る（戸外で演じていた頃の名残りともいわれる）

小拍子《こびょうし》
見台をたたいて、場面の転換や時間の経過を表す

膝《ひざ》かくし

発祥

神社などの戸外で通り過ぎるお客さんに語って聞かせた。

高座のスタイル

・扇子と手拭いに加え、小拍子、見台、膝かくしを使用。
・三味線は出囃子のほか、噺の中の挿入曲（ハメモノ）としても使われる。

落語家の階級

身分のランク付けはない。「襲名」をもって、一人前として扱われることも多い。

主な流派

「笑福亭」「桂」など

落語の発祥は大阪（上方）に多い

3代目柳家小さんが上方から移植

有名な落語の演目には、実は大阪が発祥のものも多い。よく知られる噺のひとつ『時そば』（P.204）も、本来は上方の『時うどん』というネタ。3代目柳家小さん（夏目漱石にも愛されたという明治期の名人）が東京に持ち帰り、『時そば』として演じ始めた。

焼き直す際に、言葉は江戸の口調に直され、内容も少し変えられた。うどんがそばになったことはもちろん、登場人物の人間関係も異なる。東京の人々に受け入れられやすい題材にしたことと、小さんが自分のやりやすい形に変えたのではと思われる。小さんは、そのほかにも多くの噺を東京に持ち帰った。『らくだ』（P.210）、『青菜』（P.188）、『粗忽《そこつ》の釘』（P.198）なども、元は上方落語の題材。

そのほか、『まんじゅう怖い』（P.208）は中国の小咄《こばなし》集、『紺屋高尾《こうやたかお》』（P.194）は浪曲、そして『死神』（P.196）はイタリア歌劇……など、演目の題材はいろいろなところに求められているようだ。

江戸と上方で少しちがう演目の一例

東京と関西で演じられているタイトルちがいの演目の一例。
言葉のちがいはもちろん、人物設定などが微妙に異なる。

上方（大阪）		江戸（東京）
『時うどん』	上方発祥の噺。元々の噺は、2人組がうどん屋に行き、口が達者な兄貴分が都合よくお金をごまかしてしまう。後で弟分が真似しようとして失敗。東京では、ひとりの男が屋台でそばを食べ、支払いをごまかす。それを脇で見ていた他人が、自分もやってみようとする流れになる。	『時そば』
『ちりとてちん』	江戸発祥の噺で、関西に移植された。知ったかぶりの嫌われ者が、腐った豆腐を珍しい食べ物として食べさせられてしまう。その名称が東京では『酢豆腐』、関西では『ちりとてちん』。人物設定も異なる。それがまた逆輸入され、現在は東京でも『ちりとてちん』として演じられることも多い。	『酢豆腐《すどうふ》』

そのほか代表的な上方噺

『たちぎれ』

元は上方落語だが、東京にも定着した数少ない人情噺のひとつ。やはり3代目小さんが移したとされる。誠実な若旦那と芸者の悲恋を描く噺で、悲劇的になりすぎないように演じる細やかさが必要とされる。

『地獄八景亡者戯《じごくばっけいもうじゃのたわむれ》』

死んで地獄に行った一行の様子を、1時間かけて描く長編。泣かせるでもなくただただ笑える1時間で、上方ではこれが演じられたら本当の真打ちといわれるそう。東京では『地獄めぐり』という名で演じられる。

花緑の
噺家こぼればなし

05 「新作落語」の目指す先

洋服といすで演じる「同時代落語」

落語家といえば、着物と座布団。そう思っていませんか？　実は僕もずっとそう思っていました。以前、脚本家の鈴木聡《さとし》さんという方の新作落語を演じたときに、鈴木さんに「これ新作だから、洋服でやったらどう？」と言われたことがあったんです。ただ、僕はそのとき反対したんですね。「落語家というのは、着物に座布団で演じるものですから」って。

でもその後、テレビ番組のコーナーを担当させてもらったときのこと。亡くなった人の人生を、落語にして振り返るというコーナーでした。実は、そのオファーがあったときに、現代の人が題材なのだから、スーツで話そうという案が浮かびました。その案は採用され、スーツでいすに腰かけて、毎週話すことになりました。

それを体験してわかったことは、「落語は洋服でもやれる」ということ。その後の僕は、洋服スタイルで新作落語を演じるようになりました。そして、作家の藤井青銅《せいどう》さんという方が作ってくれたのが「同時代落語《どうじだいらくご》」という言葉。たしかに古典落語が生まれた当初は、落語家だけでなくお客もみんな着物で、正座をして噺を聴いていたんです。それを現在に置き換えると、落語家がお客と同じく洋服を着ていすに腰かけて演じる方が、実は自然……。同時代で演じる落語なんです。

僕はこの先、「落語」というものが、着物に座布団でも、洋服にいすでも、どちらでもいいという時代が来たらいいなと思っています。現在は普通、新作落語も、着物で演じられています。でも、お客はそれを受け入れている。それは落語というのが本来、イメージの芸だから。それなら逆に洋服で古典を演じてもいいじゃないかと思うんです。

ちなみに、いすで演じるメリットはもうひとつ。年配の落語家に喜ばれるということ。みんな膝が痛いようですからね（笑）。

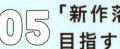

五席目

寄《よ》席《せ》に行こう

落語に興味を持ったら、まずは「寄席」に行ってみよう。ほぼ毎日開いているうえに、予約なしで、いつでも気軽に行ける。

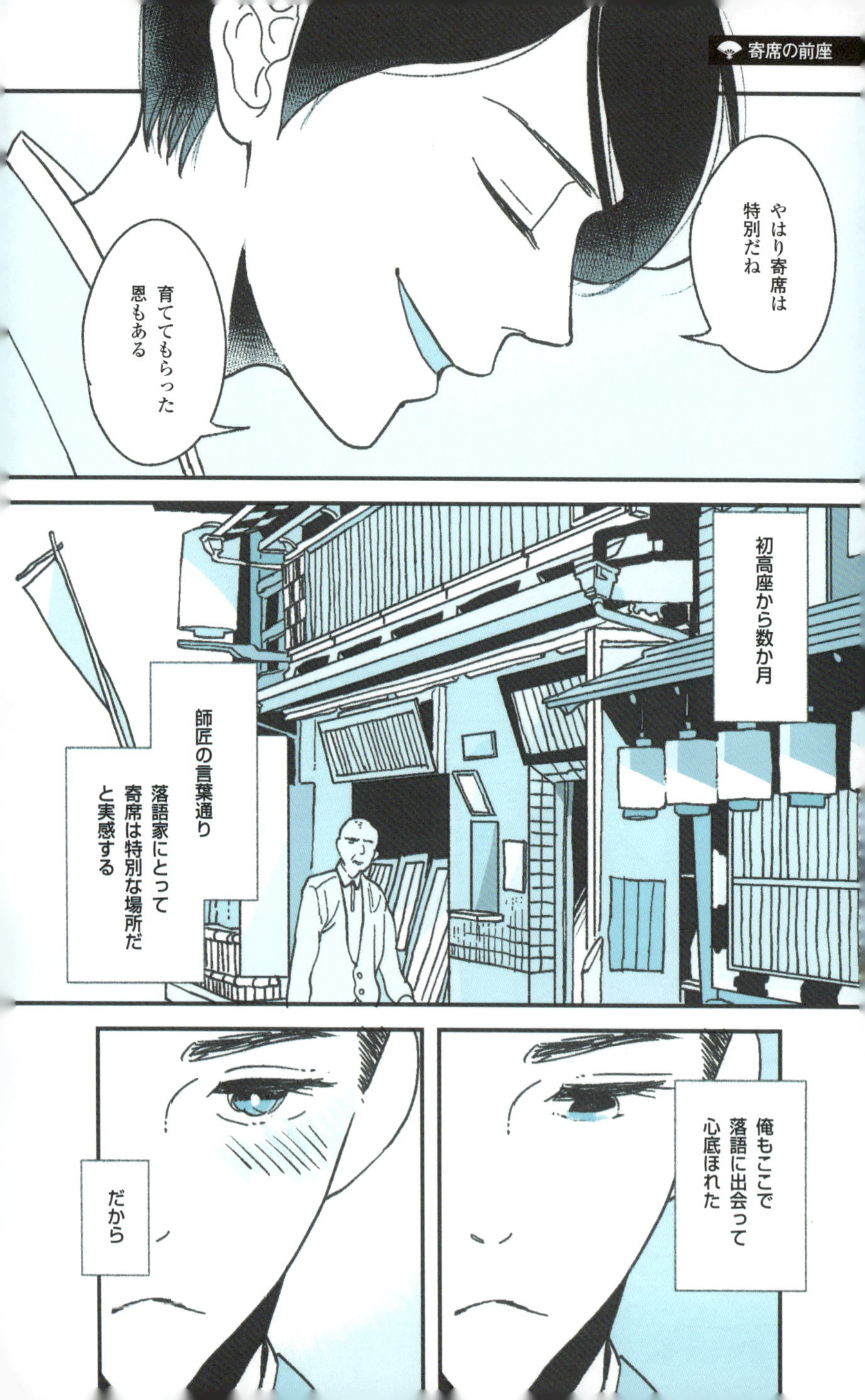
やはり寄席は特別だね
育ててもらった恩もある
初高座から数か月
師匠の言葉通り
落語家にとって寄席は特別な場所だと実感する
俺もここで落語に出会って心底ほれた
だから

寄席の楽屋に入ると
改めて
この世界に
身を置いているのだと
身が引き締まる
ドーン
ドーン
ドンドン
ドンドンイコィ

もう開場か
おはようございます
兄《アニ》さん おはようございます
寄席での前座は忙しい

前座の主な仕事
【高座返し】
落語では座布団をひっくり返し、色物《いろもの》では小道具を用意する。メクリ※をめくる
師匠の着替えを手伝う。高座後はその着物をたたむ
お茶を出す
もちろんこれ以外の雑用もこなす
※高座の芸人の名前が書かれている紙。めくると次の出番の芸人の名前になる。
出囃子の太鼓をたたく。開演ブザーや緞帳《どんちょう》も操作する
ネタ帳にその日のネタを書き留める

これを今日は
3人の前座で回す
今日は
太鼓を任された
が
師匠のお宅に太鼓はないし
なかなか練習する所が
ないってのもあって
これがなかなか難しい
でも
どの仕事も
簡単なものはない
あいさつするのも
お茶を出すにも
タイミングを
合わせなければ
いけない
お茶通ります！
神経を研ぎ澄まして
師匠方の一挙手一投足に
気を配る
もちろん
これも落語の修業のひとつだ

あまり広くはない楽屋
一度開演すると目まぐるしく師匠方や色物さんが入れ替わる
あの師匠はお茶ではなくぬるめの白湯《さゆ》だよ
えっ ありがとうございますっ
師匠によって お茶は熱め・ぬるめ・冷や 濃いもの・薄いもの・白湯
着物のたたみ方 たたむ大きさや 帯の上・下
お茶ひとつ
着物のたたみ方 ひとつ取っても 全員好みがちがう
それを先輩の前座が 後輩の前座に 教えていく
師匠との間だけでなく 前座同士でも 信頼関係が大切になる

カタン
おはようございます
師匠！
おはようございます
今日の主任《トリ》はうちの師匠だ
ネタ帳です
ありがとう
初めて知ったときは驚いたけれど
寄席のネタはその日その場で決める

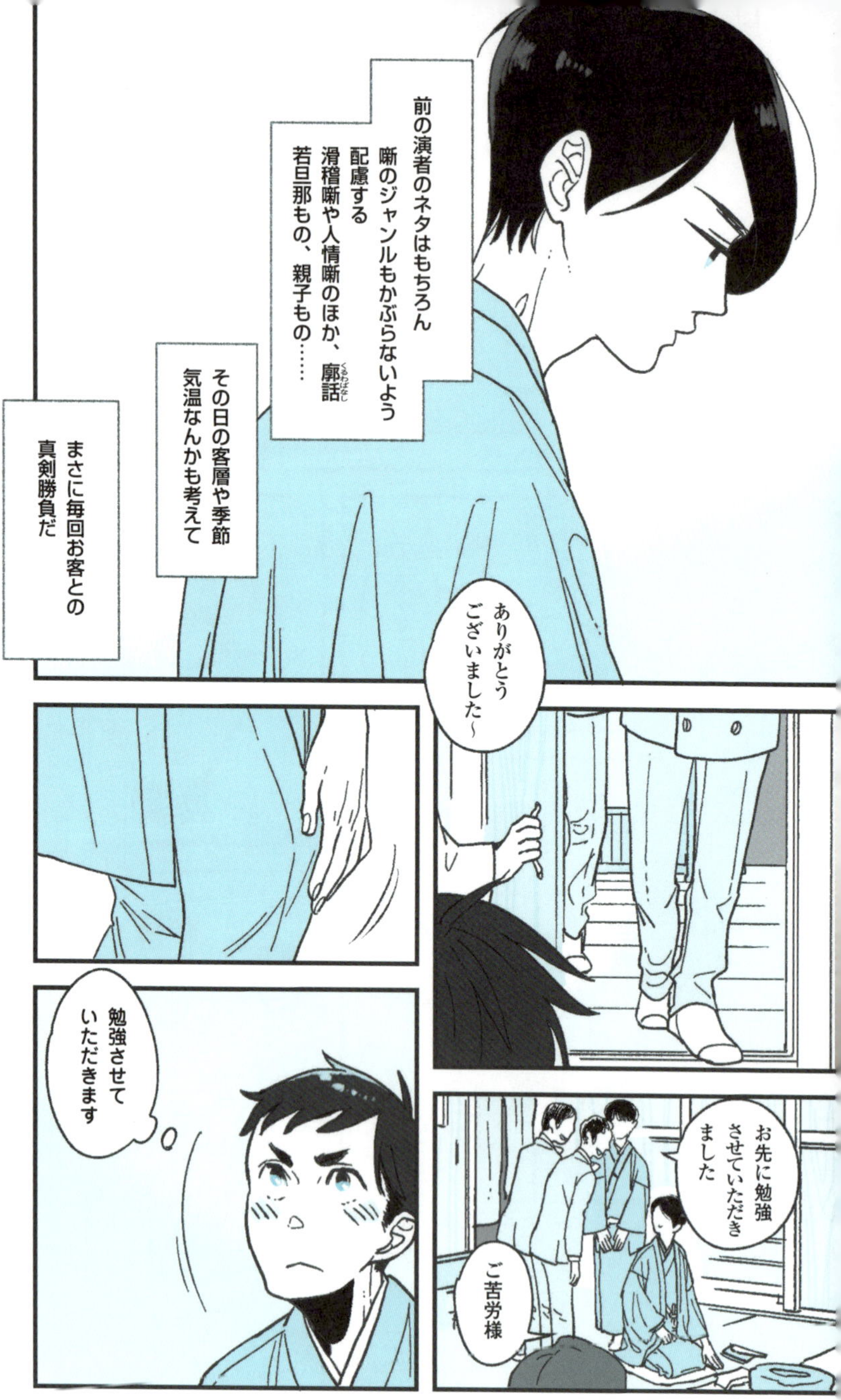

前の演者のネタはもちろん
噺のジャンルもかぶらないよう
配慮する
滑稽噺や人情噺のほか、廓話《くるわばなし》
若旦那もの、親子もの……
その日の客層や季節
気温なんかも考えて
まさに毎回お客との
真剣勝負だ
ありがとう
ございました～
勉強させて
いただきます
お先に勉強
させていただき
ました
ご苦労様

※1 師匠の着替えを手伝った後、一緒にすぐ出られるように
※2 P.188 参照

パチ
パチ
パチ
パチ
パチ
パチ
パチ
パチ
デテケ
デテケ
デテケ
お疲れ様でした～
ありがとうございました
明日もよろしくお願いします
師匠お疲れ様でございます！
あの質問してもいいですか？
藤太どうした
あの
今日の高座で羽織を脱いでなかったですよね？脱がないこともあるんですか？

ああ
「本編に入るときに羽織を脱ぐ」ってのはよく言われるけど
別に絶対のルールじゃない
短い出番のときは脱がない場合もあるし
今日の『明烏』は着た方が主役の若旦那ぽかっただろ？そういうときは脱がなかったりする
へぇ～
まあ臨機応変てやつだな
そういや藤太
太鼓少しは上達したな
え!? ありがとうございます！
師匠は今も太鼓覚えてるんですか？
師匠の前座時代を想像したことはなかったけど
もちろんだ
前座の頃に必死で覚えて二ツ目になったらたたくことはなくなったが
きっと一生忘れることはないだろうね
ドドン
ドン

YOSE

寄席に行ってみよう

1 毎日やっているから気軽に行ける

年365日、ほぼ毎日興行があるのが寄席。「昼席《ひるせき》」と「夜席《よるせき》」という、昼の12時頃から始まる会と夕方17時頃からの会があり、どちらも4時間ほどの公演。ほとんどの寄席が事前予約制ではなく、当日券で自由席なので、思い立ったときに気軽に行けるのがいい。

現在、東京にある寄席で、ほぼ毎日落語が聴ける「定席《じょうせき》」と呼ばれるところは、「上野鈴本演芸場《うえのすずもとえんげいじょう》」「浅草演芸《あさくさえんげい》ホール」「新宿末廣亭《しんじゅくすえひろてい》」「池袋演芸《いけぶくろえんげい》場《じょう》」の4つ。月の後半は寄席の開催が不定期になる「国立演芸場《こくりつえんげいじょう》」を入れて、5つとすることもある。関西には「天満天神繁昌亭《てんまてんじんはんじょうてい》」。

出演者は、「主任《トリ》」と呼ばれる公演の最後を務める落語家を中心に決められていて、1回の公演で10人前後の落語家と、「色物《いろもの》」と呼ばれる漫才や紙切り、奇術などの芸人を観ることができる。

ちなみに、事前に落語の演目も知りたいところだが、寄席の演目は基本的に演者が当日決めるため、行ってからのお楽しみ。

寄席を体験してみよう

やはり落語は生で聴くのが一番。テレビやネットにはない
独特の空気感に圧倒されるはず。

STEP.1

行きたいと思い立つ

事前予約はいらないので、思い立ったその日に行ける。ちょっと時間が空いたなと思ったときに、映画に行くような感覚で行ってOK。

STEP.2

「行きたい寄席」または「見たい落語家」を探す

東京なら落語協会か落語芸術協会、関西なら上方落語協会のHPを見てみよう。その日の落語家の寄席への出演予定が一覧できる。

当日の寄席の予定が一覧できる

- 落語協会
http://rakugo-kyokai.jp
- 落語芸術協会
https://www.geikyo.com
- 上方落語協会
http://www.kamigatarakugo.jp

STEP.3

ふらりと出かける

食事もできる寄席が多いので、お昼時ならお弁当を持って行っても。ちなみに、場内にも売店がありお弁当や飲み物を買える。

STEP.4

「木戸《きど》」でチケットを買う

入り口である木戸で、チケットを買う。入場料のことを木戸銭《きどせん》ともいう。開演後でも、演者の交代の際に入れてもらえる。

仲《なか》入《い》り（休憩）後の時間は、チケットが割引になる寄席も多い

STEP.5

自由に楽しむ

昼席と夜席で客の入替がない場合は、一日中いられる寄席もある。トイレなどで席を立つのは、高座の合間にするのがマナー。

寄席のルール

- 食事や弁当を持ち込んでもOK！
- トイレや移動は高座の合間に
- 入退場自由！（再入場は不可）

寄席ってこんな場所

特に観覧の決まりがないのが寄席。肩の力を抜いて、自由に楽しもう。

新宿末廣亭の客席には、今の寄席では唯一の桟敷《さじき》席が。

座

布団にマイク、着物姿の落語家が出てくれば、寄席おなじみの風景が完成する。上の写真は、新宿末廣亭の舞台。客席から見て右手にあるのが楽屋。その横の木札の名前を「メクリ」と言い、そのときの高座上にいる演者の名前が書いてある。寄席の場合、演目は事前に決まっていないので、演者の名前のみ。

お客として入ったら、空いている好きな席に座るだけ。最低限のマナーとして、入退場やトイレは、高座の合間にすると良い。また、公演

1 楽屋

高座のそでにあるのが、出演者が支度や休憩をする部屋。高座に上がるときの出囃子や、芸の最中の挿入曲は、ここでの生演奏。三味線はお囃子さんが弾き、太鼓は落語家の前座がたたく。

2 メクリ

高座の演者の名前が書かれている。演者が下がると、前座が次の演者の名前に差し替える。本来は、帳面のようなものに名前が書かれていて、めくっていくことからそう呼ぶ。

3 高座

寄席で、落語をはじめ、漫才や奇術、紙切りなどの芸が演じられる場所。そば屋や喫茶店など、寄席やホール以外の場所で落語を行うときも、一段高く設けた席を作り、高座と呼ぶ。

4 客席

基本的に自由席。正面のいす席のほか、新宿末廣亭のように左右に桟敷席がある場合もある。一番前に座れば、色物の奇術で演者と絡めたり、紙切りでリクエストしやすいという面も。

新宿末廣亭にて、主任を務める柳家花緑

中の飲食も可能。ただ、こちらもあまり音のするものは控えた方が良い。アルコールを販売している所もあるが、飲みすぎには注意。

＼約15分／

一席の主な流れ

1 出囃子《でばやし》
三味線と太鼓による、演者が高座に上がる際の入場曲。演者それぞれに個別のテーマ曲がある。

2 入場

3 落語を一席
持ち時間は1人15分前後。オチがわかりやすく、短くまとまった噺が多い。

4 退場

5 高座返し
前座が座布団を返して舞台を整える。メクリが変わったら次の演者の出番。

＼縁起を担ぐ／

寄席の太鼓の音もチェック！

開場時
一番太鼓
「ドンドンドントコイ」
お客さんが「どんどん来い」

開演5分前
二番太鼓
「オタフクコイコイ、オタフクコイコイ、テテツクテンテン」
福を表す「お多福来い」

終演後
追い出し太鼓
「デテケデテケデテケ」
終わったので「出てけ出てけ」

寄席

YOSE

寄席の一日、一か月を知ろう

一日は「昼席《ひるせき》」「夜席《よるせき》」一か月は「上席《かみせき》」「中席《なかせき》」「下席《しもせき》」で分けられる

寄席は基本的に一日2回公演。正午頃から始まる昼席と、夕方からの夜席の2回だ。昼と夜とで出演者は異なる。また、一か月の興行は「上席」「中席」「下席」といい、10日間ごとに区切られる。東京では、落語協会と落語芸術協会という2つの団体が、交互に興行を行うことが多い。1日余る31日は、別の興行を行う。

出演者は、昼と夜の最後の出番を務める「主任《トリ》」を中心に決める。顔《かお》付《づ》けといって、協会と席亭《せきてい》（寄席の経営者）が協議して決めていく。よりたくさんのお客を呼べる真打ちを主任に決めるのが大前提。お客は通常、主任の落語を主目的に来ると考えられるため、主任の持ち時間もほかの演者に比べて長く、30分前後取ることもある。仲入り前と呼ばれる出番も重要なので、チェックしておきたい。

前座はプログラムに載っておらず、開演時間の前に登場して、席を温める。次に二ツ目が出演し、その後は真打ちか色物が務めることが多い。

寄席のスケジュール

一度入ったら、夜までいられる「入替なし」の寄席と、
昼席と夜席で入替がある寄席があるので要確認。

一日の興行

「入替なし」の場合は、昼席と夜席を通しで見られる。

主任（トリ）

最後に登場する芸人。その興行の顔となる重要な役目。持ち時間も最大30分前後と長い。

ヒザ

主任の前の出番。場を主任に引き継ぐ役目で、色物が務めることが多い。ヒザ代わりとも。

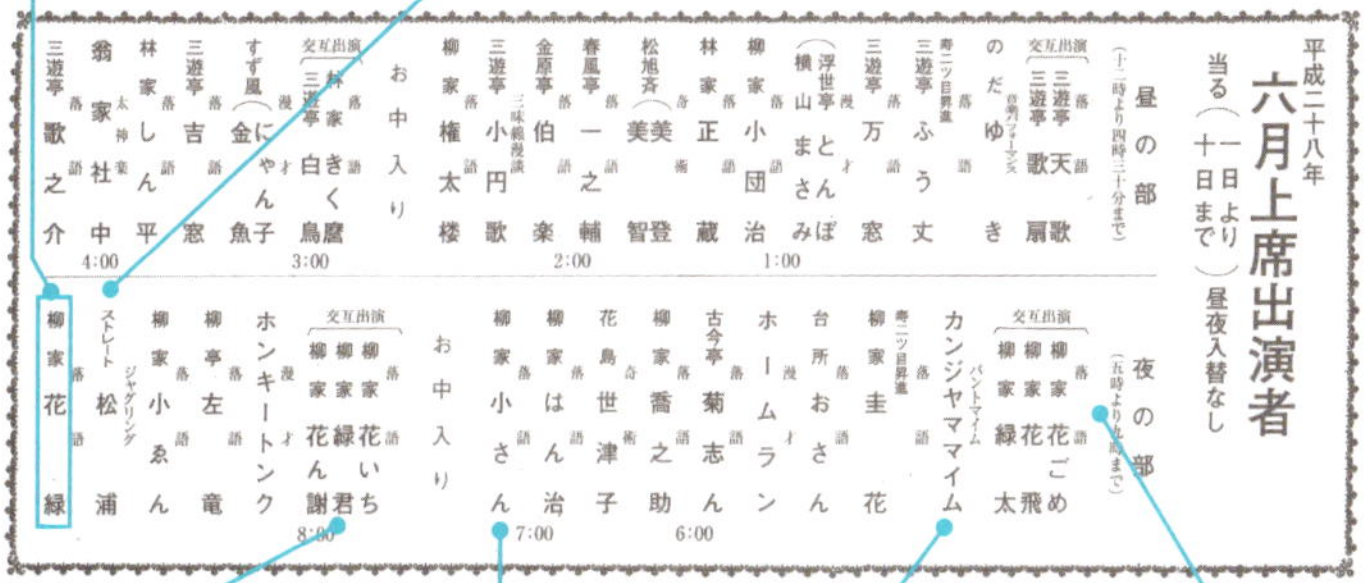
平成二十八年
六月上席出演者
当る（一日より十日まで）昼夜入替なし

昼の部（十二時より四時三十分まで）
交互出演 三遊亭天歌／三遊亭歌扇 落語
のだゆき 音楽パフォーマンス
寿二ツ目昇進 三遊亭ふう丈 落語
三遊亭万窓 落語
浮世亭とんぼ／横山まさみ 漫才
1:00
柳家小団治 落語
林家正蔵 落語
松旭斎（美登／美智） 奇術
春風亭一之輔 落語
2:00
金原亭伯楽 落語
三遊亭小円歌 三味線漫談
柳家権太楼 落語
お中入り
交互出演 林家きく麿／三遊亭白鳥 落語
3:00
すず風（にゃん子／金魚） 漫才
三遊亭吉窓 落語
林家しん平 落語
翁家社中 太神楽
4:00
三遊亭歌之介 落語

夜の部（五時より九時まで）
交互出演 柳家花ごめ／柳家花飛／柳家緑太 落語
カンジヤママイム パントマイム
寿二ツ目昇進 柳家圭花 落語
台所おさん 落語
ホームラン 漫才
古今亭菊志ん 落語
6:00
柳家喬之助 落語
花島世津子 奇術
柳家はん治 落語
柳家小さん 落語
7:00
お中入り
交互出演 柳家花いち／柳家緑君／柳家花ん謝 落語
8:00
ホンキートンク 漫才
柳亭左竜 落語
柳家小ゑん 落語
ストレート松浦 ジャグリング
柳家花緑 落語

クイツキ

休憩（仲入り）後の出番のこと。場を温め直す重要な役目で、基本は真打ちが務める。

※この日は特別に二ツ目が登場。

仲入り前

休憩（仲入り）前に、前半の最後を務める。主任に次いで重要な出番。持ち時間も少し長い。

※末廣亭のプログラムでは「中入り」と表記。

色物

漫才や漫談、手品、パントマイムなど、落語以外の芸。落語の合間に登場する、息抜きのような役目。

開口一番

前座が1名、昼席と夜席の最初に高座に上がる。プログラムに名前は掲載されない。

1か月の興行

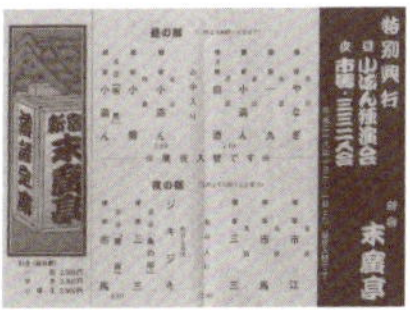

余一の日に行われる特別興行の演目表。この日の昼席は独演会、夜席は二人会を開催。

下席	中席	上席
21～30日	11～20日	1～10日

1か月を10日ごとに区切って、別の公演が行われる。月末の31日は「余一《よいち》の日」といって、通常の寄席興行のない日。特別興行が行われることが多い。

寄席

YOSE

寄席での「前座」の仕事を知ろう

寄席の裏方を一手に引き受ける

見習いが前座に昇進して、高座でかけられる噺をひとつ以上覚えたら、まずは寄席に入ることになる。前座の仕事は、開演前に高座に出て客席を温めることと、寄席の裏方作業を一手に引き受けること。

入門歴が一番長い「立前座《たてぜんざ》」を仕切り役に、大体3人前後の前座が寄席に入っている。先輩芸人へのお茶出しや着替えの手伝いをしながら、それぞれ自分に割り振られた役目もこなす。

まずは「高座返《こうざがえ》し」。出番の切れ目に高座に上がり、次の演者に備えて高座を整える。新入りの前座に任されることが多い。次の段階は、演者の出囃子をはじめ、一番太鼓（P.１３１）など、太鼓を打つ役目。

立前座のみに任される大切な役目が、「ネタ帳」をつけること。寄席では、事前に誰がどの噺をするのか決まっていない。そのため、落語家は前に出た演者がかけた噺を、当日の楽屋のネタ帳で知り、演目やジャンルがかぶらないように自分のネタを考える。

前座の主な仕事

下記に加え、師匠方の着替えの手伝いやお茶出しなどの楽屋仕事もこなす。
最も大切な高座の進行に支障がないように、常に気を配っている。

＼ 例えば ／

前座が３人の場合

後輩

主な仕事

高座返し

次の演者のために、舞台を整える。落語家の座布団は裏返す。自分の使っていた座布団を人に渡すときには裏返す、という礼儀作法から。全て整ったらメクリを変える。

藤太

主な仕事

太鼓をたたく

開場時や終演後にたたく太鼓のほか、演者の出囃子も前座の役目。演者の入退場に合わせて必ずたたかなければならないので、高座の進行状況に目配りは欠かせない。

立前《たてぜん》座《ざ》

青空兄《アニ》さん

主な仕事

ネタ帳書き

ネタ帳に、その日の高座でかけられたネタを記入する。出演者は、同じ噺はもちろん、テーマやカラーも前の演者とかぶらないように気を遣う※ので、ネタ帳は必須。

※例えば『初天神』『寿限無』などの噺が出たら、子どものネタはできず、『親子酒』などお酒を飲む噺が出たら、お酒のネタはできない。

寄席

YOSE

落語以外の出し物を知ろう

漫才・手品・紙切りなどの「色物《いろもの》」にも注目

寄席において、漫才や奇術など、落語以外の演芸のことを色物という。「マネキ（出演者を書いた看板）」（P.221）に、落語家は黒、色物は朱色で記されることからそう呼ぶ。

漫才、奇術、紙切り、太神楽《だいかぐら》、ギター漫談、三味線漫談、曲独楽《きょくごま》など、寄席ならではの多彩な芸がそろう。太神楽は、獅子舞と曲芸が伊勢神宮や熱田神宮の信仰と結びつくことによって、江戸時代に成立した芸。正月やお祝いには獅子舞を舞うなど、おめでたい日に欠かせない。無声映画の弁士が始めたといわれる漫談は、演者の個性が表れる話術。ギターや三味線など、様々な楽器を使って演じられる。紙切りも、寄席以外ではなかなか見られない芸能。お客の注文に合わせて、その場で紙を様々な形に切り抜く名人芸だ。林家正楽《はやしやしょうらく》一門がよく知られる。

ちなみに、武将や偉人など歴史上の物語を読み上げる「講談《こうだん》」に限っては、落語ではないが色物とは呼ばれない。マネキにも黒色で表記される。

寄席ならではの名人芸「色物」

落語の合間の息抜きとしても、色物は重要な役割を果たす。
それぞれの名人芸を楽しみたい。

紙切り

注文されたものを切る

時節に合わせたものを切るほか、お客の注文にも応える。切ったものはもらえるので、声を出して注文を。

太神楽《だいかぐら》

「傘回し」「立て物」などの曲芸

開いた和傘の上で鞠《まり》や升《ます》を回す「傘回し」、くわえたバチの上に茶碗をのせる「立て物」などがよく知られる。

お囃子《はやし》さん

寄席の出囃子や挿入曲に欠かせない三味線のプロ。太神楽のバックミュージックなどは15分間弾き続ける。

奇術

うまさだけではない面白さ

カードやひもなどを使った奇術を見せる。帽子から鳩を出すなど、あっと驚くマジックはもちろん、その話術やお客とのやりとりも楽しみたい。

※落語家には事務所に所属してマネージャーを持つ人もいる。個人で活動する人もいて、様々。

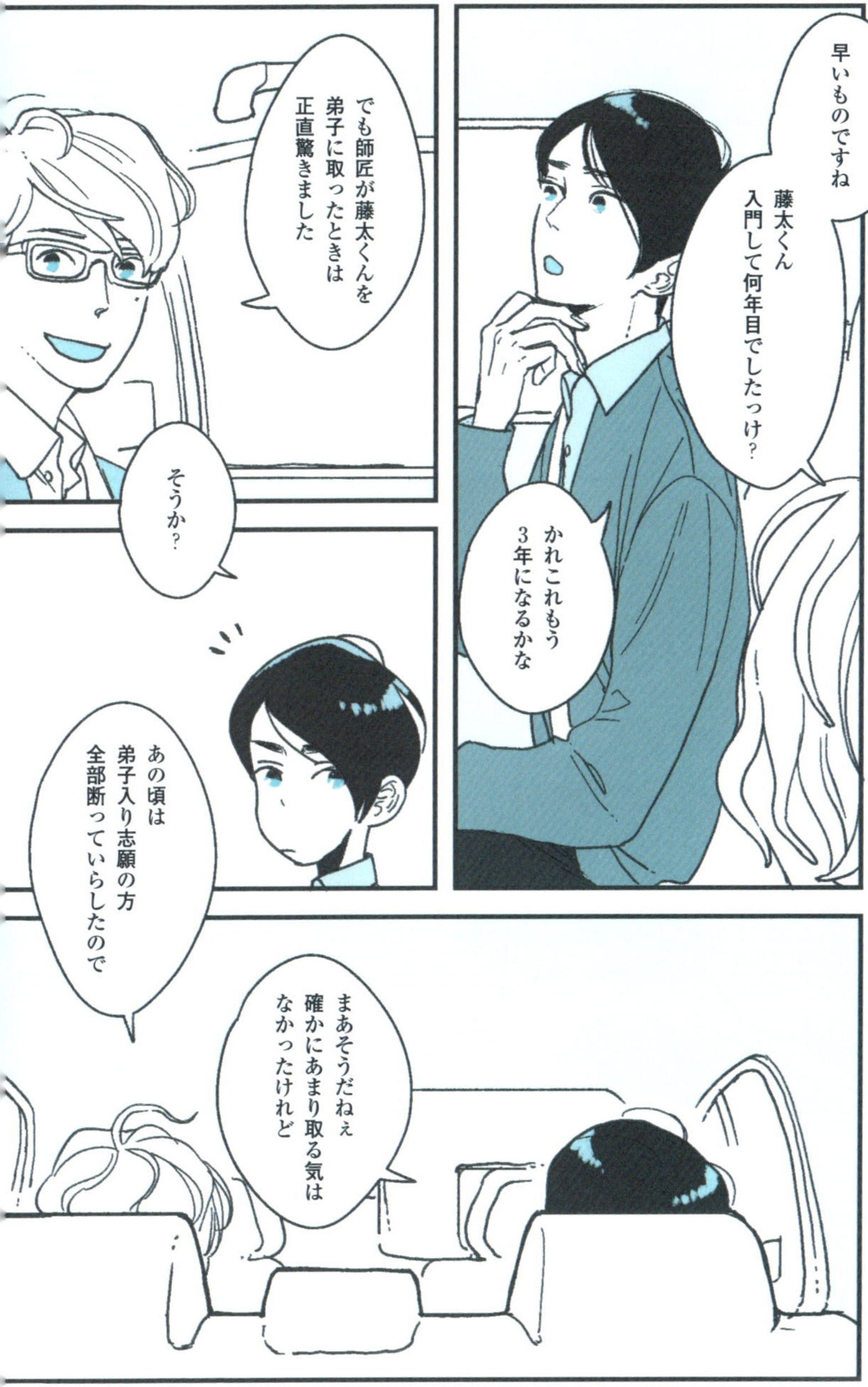
早いものですね
藤太くん
入門して何年目でしたっけ?
かれこれもう
3年になるかな
でも師匠が藤太くんを
弟子に取ったときは
正直驚きました
そうか?
あの頃は
弟子入り志願の方
全部断っていらしたので
まあそうだねぇ
確かにあまり取る気は
なかったけれど

〝弟子は師匠なり〟という言葉が好きでね
藤太で弟子は3人目 ようやくその頃わたしも その言葉の意味がわかって きた気がしていたんだ
たしかに藤太くん 真面目で勉強熱心だし 元気だしちょっと不器用だけど 憎めないですよね
30過ぎて 青臭いところもあるが
稽古してほしいと 自分から来るし
愛嬌もあって ほかの師匠方にも 可愛がってもらって ありがたい限りだね

でもまあ びっくりするような 初歩的なことを知らな かったりしたけれど
わたしは祖父・父ともに落語家で 物心つく前から 落語の世界にいたから
「ああ、普通は 知らないのか」って ことも多くて 面白かったよ
確かに
僕も師匠のマネージメントを させてもらうまで 落語聴いたことなかったんで
最初の頃は 知らない言葉ばかりで 高座終わってから 調べたりしましたから

江戸の時代背景や
長屋での生活習慣
時間の数え方だとか
落語を知らない人からしたらそういうものが難しく感じてしまうんですかね
子 丑 寅 卯 辰 巳 午 未 申 酉 戌 亥
落語の舞台が全て江戸というわけではないんだけどね
明治・大正が舞台のものも多いし新作落語もたくさんある
それにわたしは全てを知らなくてもいいんじゃないかって最近思うんだ
全てを知らないなりの楽しみ方ってのもあるだろう?
もっと気軽に落語を聴きながら知っていったっていいんだ
伝統芸能ってだけで敷居が高く感じるかもしれないけど
それも落語の楽しみ方じゃないのかってね

なるほど……
ああ 藤太に連絡しないとな
そうだ 鼓五郎《こごろう》師匠にも あとで連絡 しておこう
何か あるんですか？
いや 少し前に藤太が 鼓五郎師匠に稽古を つけてもらいたいと 相談に来たから
二ツ目になったら わたしからお願いして やると約束したんだ

ほかの師匠に教えてもらうこともあるんですね
当然さ
もちろん礼を尽くさないといけないけどね
藤太くん、昇進で名前は変えないいんですか？
ああ そのままでいくってこの間話をしたよ
そうなんですね
以前から感じてましたけど落語の師弟関係ってすごく温かくて素敵ですね
なんだ急に
今日寄席みてきたけど前座さん面白かった～！調べたら柏家藤太さんって方だった！
この間も師匠SNSで藤太くん褒められてうれしそうでしたし
……そりゃ
弟子は息子みたいなものだからね
よろしくお願いします！

ほめられたり
成長していくのが一番うれしいもんだよ
ドドーン
この度
二ツ目に上がりました柏家藤太と申しますよろしくお願いします！

「二ツ目」ってどんな人たち？

前座以上、真打ち未満。マンガで藤太が昇進した「二ツ目」とは、どんな人たち？　人気・実力を兼ね備える、注目の３人に取材した。

柳亭《りゅうてい》市《いち》弥《や》

ICHIYA RYUTEI

1984年東京都生まれ。2008年「市也」で初高座。2012年、二ツ目昇進「市弥」。師匠は柳亭市馬(P.241)。

春風亭昇々《しゅんぷうていしょうしょう》

SYOSYO SYUNPUTEI

1984年千葉県生まれ。2007年「昇々」で初高座。2011年、二ツ目に昇進。師匠は春風亭昇太(P.249)。

柳亭《りゅうてい》小《こ》痴楽《ちらく》

KOCHIRAKU RYUTEI

1988年東京都生まれ。2005年「ち太郎」で初高座。2009年、二ツ目に昇進し、3代目柳亭小痴楽を襲名。師匠は柳亭楽輔。

こんな一日を送っています

スケジュールは、日によってまちまち。
仕事が複数入る日もあれば、一日稽古の日も。

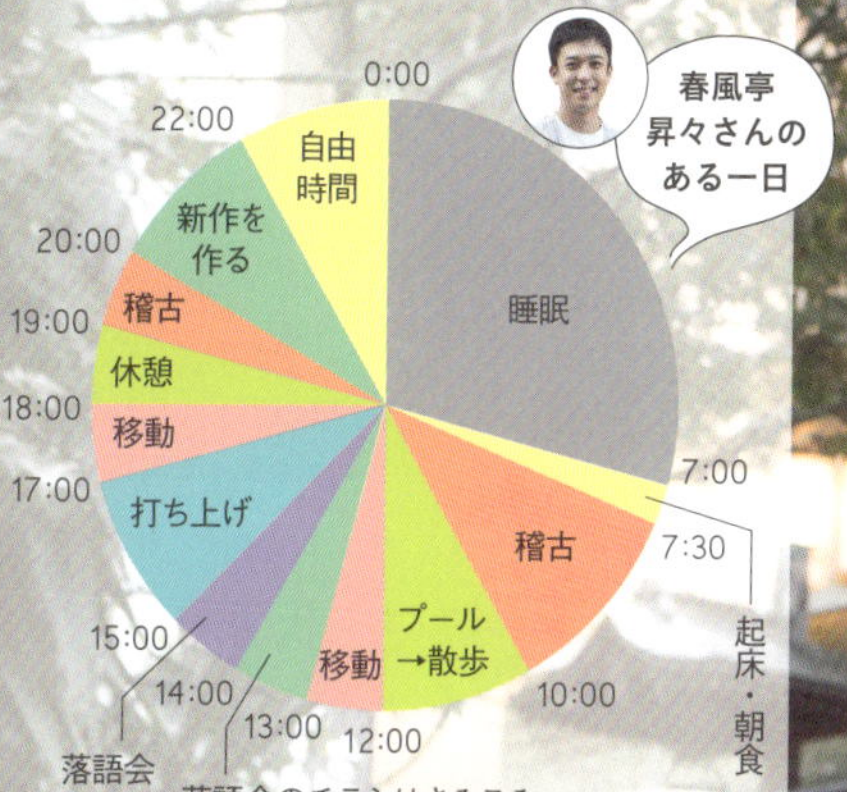

落語会と稽古の日々

昇々さんのある一日は、朝晩の稽古と、日中の落語会が1本。新作落語を作る時間もとる。「移動や運動の時間にも、落語のことを何かしら考えています」。その日の仕事次第で日々の予定は変わってくるそう。ほかの2人も同様で「一日忙しいこともありますが、休みなら稽古をしたりお礼状を書いたり。稽古する日は5～6時間はやりますね」（市弥さん）。「仕事終わりに飲むことだけは同じ（笑）」（小痴楽さん）。

一問一答

入門した年齢／師匠

16歳／柳亭楽輔《りゅうていらくすけ》

入門のきっかけは

春風亭柳枝《しゅんぷうていりゅうし》師匠の『花色木綿《はないろもめん》』（別名・出来心《できごころ》）がすごく面白かった

稽古のスタイル

台本を書いて、それを持ち歩く。夜に、歩きながら声に出して練習する

落語以外の時間は

飲みに行く。あとは、YouTubeで超常現象スペシャルを観たりとか

最近よく演じる噺

『一目上がり《ひとめあがり》』『干物箱《ひものばこ》』など。『一目上がり』はどこでも演っている

2009年
二ツ目
昇進

柳《りゅう》亭《てい》小《こ》痴《ち》楽《らく》

僕の父親は、柳亭痴楽《りゅうていちらく》という落語家でした。きっぷのよい江戸っ子落語だったそうですが、実は僕は父の高座を観たことがありません。寄席《よせ》に行っても、落語ではなく色物《いろもの》ばかり観ているような子どもでした。父は「ちょっと遊んでくるわ」と家を出て行き、1週間以上帰ってこないような人。子ども心に「こんな大人になれば毎日遊んで暮らせる」と、その仕事には憧れを抱いていましたね（笑）。そして、中3のときにたまたま聴いたのが、春風亭《しゅんぷうてい》柳枝《りゅうし》師匠の落語『花色木綿《はないろもめん》』のCD。すごく面白くて、すぐに父に、これがやりたいと言いました。でもその直後に父が倒れてしまって、ほかの師匠に弟子入りさせてもらったんです。

　二ツ目になったのは、入門してから4年後。ただ、やっと噺家《はなしか》になれたという安堵感もあり、1年ほどは〝休んで〟しまいました。高座に上がりこそすれ、1年間で覚えた噺は2〜3席しかないという少なさで。

　その気持ちを変えるきっかけとなったのが、そのとき前座だった後輩・桂宮治《かつらみやじ》さんの高座。聴いたときに、「あ、いけねぇ」と思ったんです。自分の中では、もう追い越されていると感じた。それからは稽古のほか、休みの日も寄席に行って先輩たちの落語を聴き込むようになりました。自分とほかの人とのちがいを知りたくてそうしていたのですが、今では誰かを追うのではなく、自分独自の落語を追求した方がいいと思うようになっています。

　寄席の楽屋などで、師匠方の話を聞いていると、落語家になってよかったと思います。僕が所属する落語芸術協会の会長・桂歌丸《かつらうたまる》師匠は、普通の会社なら会長クラスの偉い人。それなのに、自分と同じ楽屋で話をしてもらえるんです。また一方で、高座に上がれば先輩後輩なく、同じお客様相手に落語をできるというフラットな関係性もある。落語の世界の器の大きさを感じますね。

Profile 古典落語ひと筋。小気味よい江戸っ子落語が持ち味。故・5代目柳亭痴楽《りゅうていちらく》を父に持つ。

大学時代、僕は落語研究会に所属していて、そのとき師匠の春風亭昇《しゅんぷうていしょう》太《た》の落語に出会いました。師匠が自分独自の世界を持って新作落語に取り組んでいることに強く惹かれたんです。4年生になって進路を考えたとき、就職活動も普通の会社への就職も、自分には向いていないと感じた。そして落語家になりたいと思ったときには、昇太以外への弟子入りは考えられませんでした。

入門4年後に二ツ目に昇進しましたが、前座修業がたいへんだったので、まずは解放されたことがうれしかった。ただ、前座のうちは高座というよりも楽屋仕事がメインだった（前座は高座の出来不出来にかかわらず、毎日寄席の楽屋で仕事がある）ので、これからは高座でウケないと仕事がなくなるという緊張感はありました。

もうひとつ、二ツ目になってうれしかったのは、新作落語が高座でできるようになったこと。実は前座2年目のときに、師匠に新作落語をやりたいと言ったんです。そうしたら、1か月に1ネタ作って師匠に見せることになった。締め切りがないとできないだろうという師匠の配慮でした。師匠の目の前で演じるのではなく、台本をメールで送る方式で、現代ならではのやり方です（笑）。そこで作りためておいたネタが日の目を見ました。

新作落語作りは、普段生活している中で気になったことをメモしておき、それを膨らませていくイメージです。そもそも本来の落語も、自作の噺を演じるものだったはず。古典落語が江戸時代の日常を描くように、僕も現代の日常生活をモチーフに創作をしています。自分の言葉でしゃべって、自分なりに落語の新たな可能性に挑戦していきたいですね。

今後は、新作落語を演《や》る若手で集まって、新しい会ができたらいいなと思っています。自分たちの今の思いを落語にぶつけて、それを聴いてもらう会にしたいんです。

2011年
二ツ目
昇進

春風亭昇々《しゅんぷうていしょうしょう》

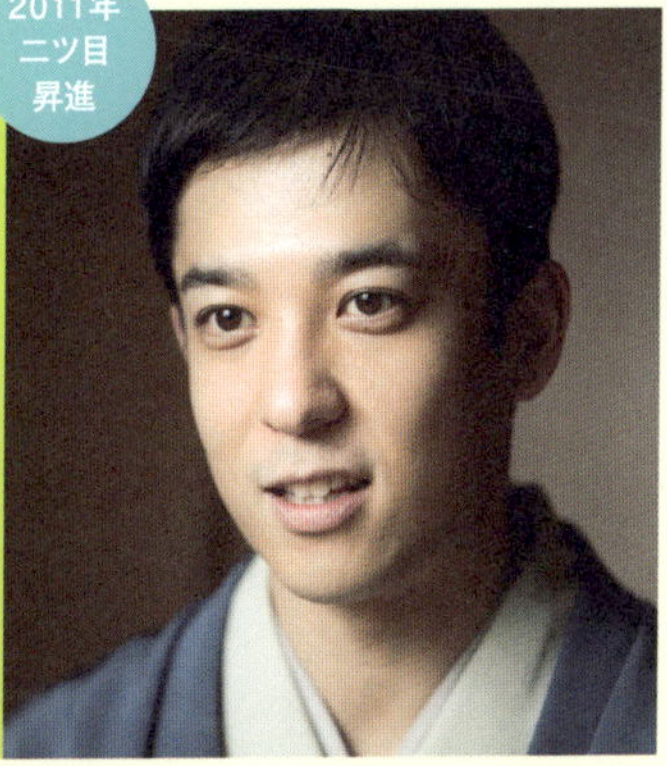

Profile 若手新作落語家の旗手。自作の落語では、「昇々ワールド」とも称される独自の世界観を展開する。

一問一答

入門した年齢／師匠

23歳／春風亭昇《しゅんぷうていしょう》太《た》

入門のきっかけは

大学卒業後の進路を考えたとき、落語家という道しかなかった

稽古のスタイル

高座と同じように着物を着て座布団に座り、鏡の前でしゃべってみる

落語以外の時間は

アニメや映画を観たり、小説を読んだり。インプットする時間に

最近よく演じる噺

常に新しいものを演《や》りたいという気持ちがあるので、固定していない

2012年
二ツ目
昇進

柳《りゅう》亭《てい》市《いち》弥《や》

一問一答

入門した年齢／師匠
23歳／柳亭市馬《りゅうていいちば》

入門のきっかけは
会社員時代に通っていた寄席で、師匠・市馬の高座を観て

稽古のスタイル
風呂の中で台本を覚えたり、歩き回ったり。5〜6時間集中してやる

落語以外の時間は
歌舞伎やお芝居を観に行くようにしている。とても勉強になる

最近よく演じる噺
『明烏《あけがらす》』『紙入《かみい》れ』など。目標は真打ちまでに100席覚えること

昔

からお笑いの世界に行きたいと思っていたんですが、学生時代はことごとく親に反対されて。それで大学卒業後は一度就職しました。でも、入社後すぐに大阪転勤になってしまい、知り合いもいない土地で暇を持て余すことに……。そんなとき出会ったのが、大阪の「天満天《てんまてん》神繁昌亭《じんはんじょうてい》」という寄席。そこで落語を観たときに、「ひとりで座布団の上に座って話をするだけで面白い」という世界が、すごく胸に響いたんです。

後日、東京の寄席で師匠の落語を観ました。面白いだけでなくわかりやすい落語だと感じ、この人に入門したいと思ったんです。そのことを親に伝えてから初めて知らされたのですが、実は父親も昔、落語家になりたかったそうで。確かに子守唄代わりに小咄《こばなし》を聴かされていたなと。父親は大学の落語研究会にも入っていて、そのときの着物を使うようにと〝伝承〟されました（笑）。

親とは数年で芽が出なかったらやめると約束しましたが、入門5年後に二ツ目に昇進。二ツ目になるときは真打ち昇進よりもうれしいとよく言いますが、本当にその通りです。わたしももう前座時代には戻りたくありません（笑）。羽織が着られる二ツ目になった、噺家《はなしか》として認められたという喜びは格別でした。お披露目会でも、緊張はしましたが、応援してくださる方がいるということに勇気づけられました。

ゆくゆくは真打ちになって、寄席で主任《トリ》を務めるのがひとつの目標です。主任ができるということは、寄席の看板になるということ。前座で毎日修業をし、二ツ目になっても高座に上がらせていただいている寄席に、やっぱり恩返しがしたい。一枚看板を務めることで、応援してくださっているお客様にも、恩返しができると思います。

当面の目標は、必ず月に一回はネタおろしをすること。二ツ目のうちに、100席覚えたいと思っています。

Profile 古典落語の正統派として名高い、柳亭市馬《りゅうていいちば》の弟子。自らのキャラクターを生かした若旦那がハマり役。

六席目

落語の舞台を知る

落語の世界＝江戸ではないが、江戸時代が舞台の噺は多い。「長屋《ながや》」や「遊郭《ゆうかく》」、「商家《しょうか》」など、落語に出てくる江戸の風俗や文化を知っておけば、より落語の世界を楽しめる。そこで今回は江戸の資料展示が豊富な、江戸東京博物館と深川江戸資料館を取材した。

＼ 取材したのは ／

江戸東京博物館

常設展では、徳川家康が江戸に入府してから約400年間を中心に、江戸東京の歴史と文化を実物資料や復元模型などを用いて紹介する。

深川江戸資料館

江戸時代の深川の町並みを、原寸大で再現した展示室がある。長屋が立ち並ぶ路地や、船宿と船着き場、商家に屋台と見どころ豊富。

落語の舞台

01

長屋《ながや》

長屋は江戸時代の集合住宅。江戸の庶民の多くは借家住まいだったという。

長屋とその路地／深川江戸資料館

大きな声じゃ言えないが、長屋の壁なんてものは、これっぱかりの薄いもんだよ。そこへそんな長い釘を打って……

（『粗忽の釘』より）

江戸庶民のうち、ほとんどが長屋住まいだった

熊さんに八っつぁん、横丁のご隠居に与太郎と、落語でおなじみの登場人物のほとんどが住んでいるのが、この長屋。江戸の町は、全国から多くの人々が移り住み人口の過密化が進んだため、庶民は限られた町人地《ちょうにんち》（町人が住むと定められた土地）の範囲内で暮らさ

「長屋」の出てくる噺の一例

長屋の住人総出で花見に行く『長屋の花見』は、貧乏でも楽しい生活を垣間見せてくれる。

卯の花月（江戸東京博物館蔵）

式亭三馬『浮世床』（江戸東京博物館蔵）

上／長屋の路地に棒手振り（行商人）が訪れて、旬の魚や野菜を販売する。食材を求めて各家の女房たちが集まってくる

左／長屋の路地には用心のための木戸があり、明け六《む》つ（午前六時頃）に開けて、暮れ六つ（午後六時頃）は閉めることになっていた。明け六つの鐘が鳴ると木戸が開き、住人たちの一日が始まる

なければならなかった。長屋は、その代表的な庶民の住まい。江戸の町ならではの集合住宅だ。

落語『粗忽《そこつ》の釘』では引っ越したばかりの長屋の壁に、亭主がほうきを掛けるための釘を打つ。ところが、この亭主が粗忽もの。柱ではなく壁に長い釘を打ち込んだものだから、隣りの部屋へと釘が突き抜けてしまう。それくらい、長屋の壁は薄かった。

住んでいたのは、大工や左官《さかん》、屋根ふきや髪結《かみゆい》などの職人、野菜や魚などを売り歩く棒手振《ぼてふ》りなど。住民たちの横のつながりも強く、助け合いながら暮らしていた。

01
長屋《ながや》

長屋の造り

おなじみの熊さんや八《は》っつぁんは、長屋の「裏店《うらだな》」の住人。

いわゆる長屋。表通りから入っていった路地に面して建てられた住宅。平屋で四畳半が基本

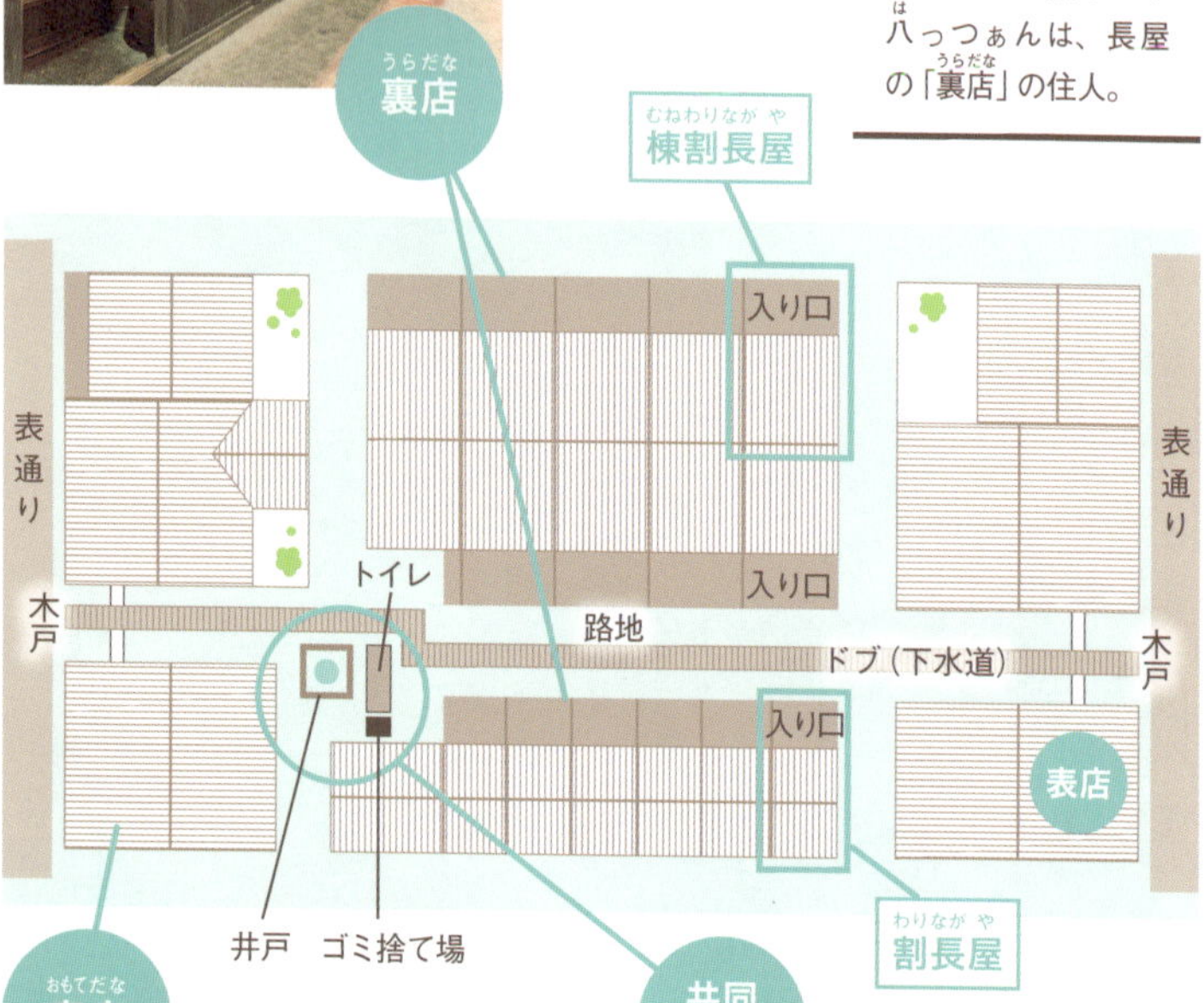

表通りに面して建てられた住宅。2階建てが多く、1階部分が商いのスペース、2階部分が住居となる

上／女性は毎日井戸に集まって洗濯し「井戸端会議」に花を咲かせた
下／共同トイレ。左はゴミ捨て場

長屋の裏店・共同水場・表店／深川江戸資料館

右／長屋の出入口である腰高障子《こしだかしょうじ》（上半分が障子で下半分は板張り）に屋号が書かれていることも。ここは芸事のお師匠さんの長屋

下／裏店は5、6軒ずつが並び、路地をはさんで向き合っていた。日中には行商人も出入りし、魚や野菜など日々の買い物ができた

長屋の様子／深川江戸資料館

長屋の路地／江戸東京博物館

一棟の建物の中に数戸の住宅が並ぶ

長屋とは、一棟の細長い建物の内部をいくつかに仕切り、複数の住戸として使ったもの。「割長屋《わりながや》」と呼ばれる、いわゆる「裏店《うらだな》」（裏長屋）で、間口九尺、奥行き二間※の間取りが基本。一棟を棟《むね》（屋根の最も高いところ）の線で背中合わせに割った「棟割長屋《むねわりながや》」は、隣だけでなく裏にも住人がいた。

裏店は路地をはさんで向き合うように建っているが、その路地の幅も狭い。表の障子が開いていれば、お互いの様子がまる見えなのは当たり前の生活だった。

※一尺は約30㎝、一間は約1.8m。つまり、九尺は約2.7m、二間は約3.6m

01

長屋《ながや》

長屋の住人

長屋を借りる店子と、それを管理する大家が住んでいた。

一般的な四畳半の長屋

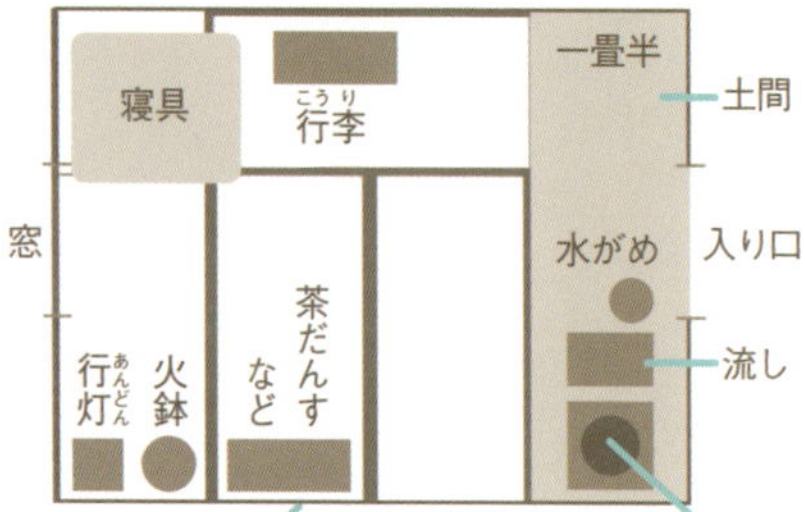

洗い張り屋とは着物の縫い目をほどいて洗い、しわを伸ばして乾かす仕事。ほかに繕《つくろ》い物や機織りなど、女性にも働く機会は多かった

煮炊きするためのかまど(へっつい)と、板張りの流しがある台所スペース。流しといっても、土間の片隅に板を張り、水が流れるように傾斜をつけただけのもの。水は、その日の分を井戸から水がめに汲んでおく。流しで使った水は、路地のドブ(下水道)に流れていく仕組みになっていた

日中は住居スペース、夜は隅にたたんである布団を広げて、家族3人川の字で眠る。落語『子別れ』で子どもの亀吉が、寝返りを打つと土間に落ちたと訴えたくらい小さな空間

長屋の様子/江戸東京博物館

長屋の人間関係

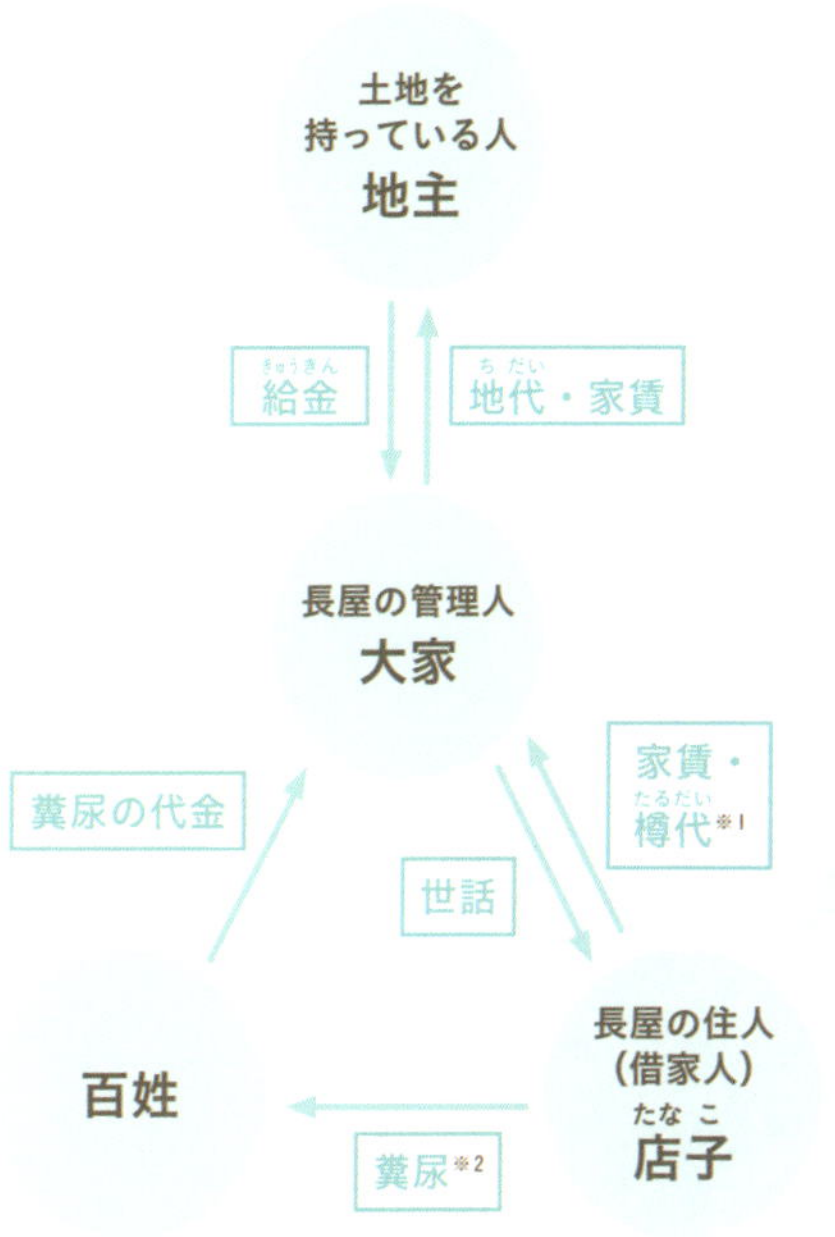

※1 お中元やお歳暮、節句などの際に金一封を包む
※2 百姓は肥料とするため糞尿を買い取った

上／長屋を自宅兼仕事場にしている職人もいた。写真は、木製品を作る「指物《さしもの》職人」が煙草盆《たばこ》を作っているところ。奥には仕事道具
下／浪人などが手習いを教える寺子屋を開くこともあった。江戸時代の人は農民も町民も教育熱心で、子どもを寺子屋に通わせたという

密に結ばれた 大家と店子《たなこ》の関係

落語『長屋の花見』では、大家が長屋の住人を引き連れて花見に出かける。住人は、文句を言いながらもついて行く。

大家は、店子である長屋の住人の、身元引受人のような存在。店子は結婚や葬式、子どもの誕生などの全てにわたって、大家に報告が必要で、相談することも多かった。大家が縁組の話などを持ってくることも多い。また、大家は町奉行の支配下で、おふれの伝達や戸籍の管理など、町役人としての任務も行っていた。

落語の舞台

02

遊郭《ゆうかく》

落語の「廓噺《くるわばなし》」の舞台となるのが遊郭。『紺《こう》屋《や》高尾《たかお》』『文七元結《ぶんしちもっとい》』などの大ネタも多い。

吉原要事 廓の四季忘
玉屋内白玉・十一月仲の町雪見
（江戸東京博物館蔵）

帰れるもんなら帰ってごらん。大門で止められるから……

（『明烏』より）

浅草寺の裏手に広がる吉原《よしわら》は定番の観光名所のひとつ

江戸時代、公に認められた遊女街は限られており、江戸では吉原、大阪では新町《しんまち》が、一般的に「遊《ゆう》郭《かく》」といわれる場所だった。そのほか江戸では、四宿《ししゅく》といわれた宿《しゅく》場《ば》町、品川・新宿・板橋・千住と、深川などに非公認の遊女街があり、「岡場所《おかばしょ》」と呼ばれた。いず

「遊郭」の出てくる噺の一例

明烏《あけがらす》	P.188
紺屋高尾	P.194
文七元結	P.208

これら大ネタのほか、『お見立て』『お直し』『品川心中』などもよく知られる廓噺。

右ページ／吉原の上位の遊女である「花魁《おいらん》」が、通りを練り歩く。花魁道中《どうちゅう》といい、見習いの「禿《かむろ》」や下級遊女の「振袖《ふりそで》新造《しんぞう》」が付き従う

右／吉原の入り口である大門。往来に面した店先は、遊女が窓格子の中に並び、客に顔を見せる「張見世《はりみせ》」になる

江戸名所新吉原之図（江戸東京博物館蔵）

東都名所新吉原五丁町弥生花盛全図（江戸東京博物館蔵）

左奥が吉原。右上に大門《だいもん》と見返り柳。遊郭で遊んだ男が、帰り道に柳のあたりで、名残惜しさに振り返ったことからそう呼ぶ

れも、廓噺の舞台となっている。

現在は、吉原といえば浅草寺の裏手の一帯を指すが、元々の吉原は、現在の日本橋人形町付近にあった。落語『五人廻《まわ》し』によれば、一面に葦《よし》が茂った原っぱであったことから「葦原《よしわら》」、縁起を担いで「吉原」としたという。しかし、江戸の中心地に風俗街があることが問題視され、1657年、現在の土地に移された。

移転後は当時、「新吉原《しんよしわら》」と呼ばれ、浅草寺を参拝した後に吉原をひやかすのが定番のコースだった。吉原は風俗街であると同時に、観光名所のひとつでもあった。

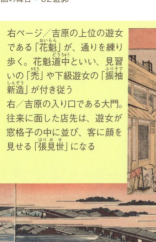

02 遊郭《ゆうかく》

遊女の一日

吉原では「夜見世《よるみせ》」、「昼見世《ひるみせ》」と一日2回の営業があった。

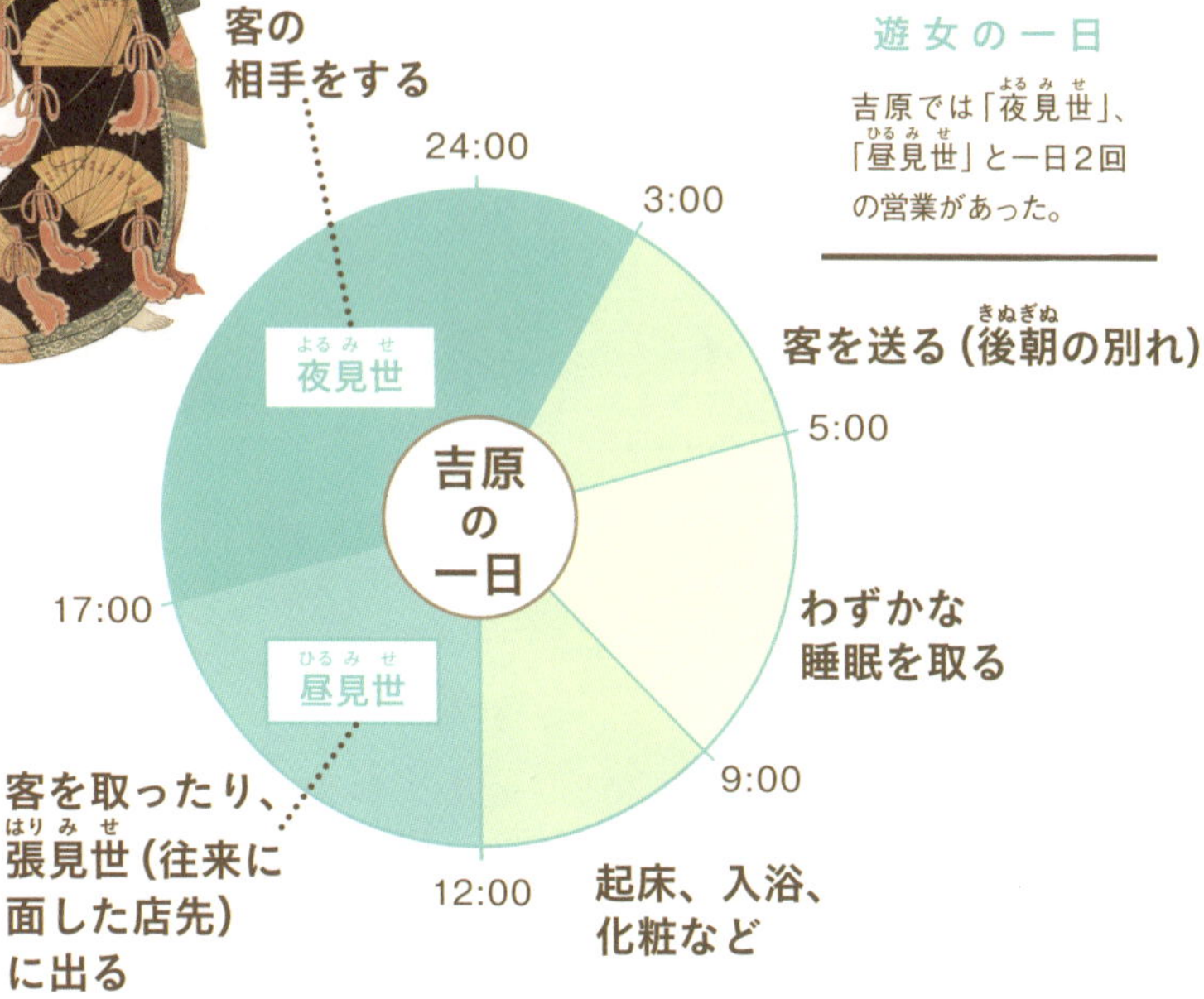

客が夜明け前に帰るのを見送った後に仮眠を取り、9時頃目覚める。お昼からは営業が始まる。睡眠や食事の時間はほとんど取れない

庶民には高嶺の花の「太夫《だゆう》」売れっ子であるほど忙しい

落語『紺屋高尾《こうやたかお》』で、紺屋（染物）職人の久蔵《きゅうぞう》が恋に落ちた高尾《たかお》太夫《だゆう》。「太夫」は最高位の遊女で、買うにはひと晩十両もかかる。久蔵が3年働かないと稼げない金額だ。太夫は「大名道具《だいみょうどうぐ》」ともいわれ、職人や奉公人にとっては高嶺の花。書をたしなみ、歌を詠むほ

今容女歌仙
（上下2点とも、江戸東京博物館蔵）

早朝

大門を出る朝帰りの客たち。いわゆる「後《きぬ》朝《ぎぬ》の別れ※」。ひと晩の代金は、ご祝儀などで大体予想より高くついた

午前

入浴や朝食をすませ、化粧や髪結いなどの身支度をする。その後は部屋を片づけたり、客に手紙を書いたりして過ごした

午後

昼見世はひやかし客が多かった。登楼《とうろう》せずに、遊女を張見世《はりみせ》などで見て歩くだけのことを「ひやかす」「ぞめく」という

夜

指名があった客と、まずは座敷で宴会。上位の遊女は、二度三度訪れ、ご祝儀を支払わなければ二人きりにはなれない

※男女が一夜を過ごした翌朝の別れ。お互いの衣をかけて寝た後に、その衣がまた別れることから。「衣衣《きぬぎぬ》」とも。

北里十二時（国立国会図書館蔵）

どの教養を身につけていたという。

上級遊女は「花魁《おいらん》」とも呼ばれ、日常生活を送る座敷を持ち、客もそこに取った。見習いである「禿《かむろ》」に、身の回りの世話をさせることもあった。庶民が買ったのは下級遊女。「振袖新造《ふりそでしんぞう》」と呼ばれて共同部屋で寝起きし、客を取るときも共同の部屋を利用した。

ただし、上級遊女といっても、ほとんど休む暇はない。夜明け前に客を見送った後に仮眠を取り、お昼からは「昼見世《ひるみせ》」、夕方からは「夜見世《よるみせ》」が始まった。妓楼《ぎろう》の表戸は午前0時頃に閉まったが、お客はその後も続いたという。

落語の舞台

03

商家《しょうか》

「お店噺《たなばなし》」の舞台となる商家。大店の場合は、若旦那や番頭が主な登場人物となる。

駿河町越後屋呉服店大浮絵（江戸東京博物館蔵）

「弥市さんは古池に飛び込みました」「あれには道具七品が頼んであったが、それを買ってか？」「いいえ、買わず（蛙）でございます」

（『金明竹《きんめいちく》』より）

大店《おおだな》から小さな店まで規模は様々

大店とは、材木問屋や米問屋、魚油《ぎょゆ》問屋など、大規模な商家のことを指す。旦那はいわゆるオーナー社長で、実際に店を切り盛りするのは、奉公人の頭である大番《おおばん》頭《とう》。大番頭が専務だとしたら、番頭は部長、手代《てだい》は平社員、丁稚《でっち》は見習社員というところ。部下を束

「商家」の出てくる噺の一例

金明竹《きんめいちく》 P.193

短命《たんめい》 P.200

寝床 P.206

『金明竹』をはじめドタバタ劇も多い。「大店」といえば、『百年目』などもよく知られる。

三井越後屋の店先／江戸東京博物館

右ページ・左／日本橋の三井《みつい》越《えち》後《ご》屋《や》。当時の呉服屋は相手先に出向く訪問販売で、後払いする方式だった。その時代に越後屋は、店内に商品を並べる「店先売り」や、現金で支払う「現金安売掛値《かけね》なし」など、庶民まで対象にした新しい方法で呉服店を営業。連日お客で賑わったという

下／数百人の従業員を抱える大店のほか、様々な規模の店があった。数十人から100人程度の中規模の店や、数人の奉公人か従業員がいるだけの、家族経営の小さな店も多かった

商家の小僧

表店（八百屋）の店先／深川江戸資料館

ねるのも、大番頭の役目だった。また、旦那や若旦那が起こすトラブルの尻拭いをするのも大抵が番頭。お店噺は、これらの人間関係を軸に回っていく。

落語『寝床』では、芸自慢の旦那が、義太夫《ぎだゆう》の会を催そうと、番頭をやって長屋に住む店子《たなこ》に知らせに行かせる。しかし、誰も来たがらないので怒った旦那、長屋から出て行ってもらうと言い出す。表店《おもてだな》の裏にあるのが、住居兼用の裏店《うらだな》である長屋。大店はその経営も行っていた。そのため、大家よりも偉い存在として、店子の暮らしに関わってくることもある。

落語の舞台 04 屋台・行商人

軽食を出す移動式の屋台や、移動販売の棒手振《ぼてふり》は、江戸の生活に欠かせなかった。

東都名所 高輪二十六夜待遊興之図（江戸東京博物館蔵）

「いくらだい？」「十六文で」「銭が細けえんだ。お前さんの手に置くから、手を出してくんねえ」「へい。これに願います」……

（『時そば』より）

「屋台・行商人」の出てくる噺の一例

井戸の茶碗	P.189
芝浜《しばはま》	P.197
時そば	P.204

『芝浜』では、棒手振の亭主が心を入れ替えて働き、最後には自分の店を持つまでになる。

江戸の軽食店「屋台」と移動販売の「棒手振」

落語『時そば』で、男が勘定をごまかすのは、「夜鳴きそば」とも呼ばれるそばの屋台。そばの価格が16文だったことから二×八＝十六、「二八そば」とも呼ばれた※。

江戸の町の大半が焼失してしまった「明暦《めいれき》の大火」（1657年）の後、火災時の延焼を防ぐた

※そば粉8割、小麦粉2割で作るので「二八」という説も

二十六夜待《にじゅうろくやまち》で賑わう、現在の高輪周辺。すしや天ぷらなどの屋台が立ち並ぶ。二十六夜待とは、旧暦7月26日の月見。真夜中に月が出るのを待つ人々が集まる

め、「火除地《ひよけち》」と呼ばれる空き地が各所に設けられた。そこへ屋台や茶店、見世物小屋などが並ぶようになり、人の集まる盛り場として賑わった。すいか売り、朝顔売りなど、天秤棒で移動販売を行う「棒手振」も多かったという。

棒手振は、このほか家々に、旬の魚や野菜を売り歩いた。「先々の時計になれや小商人《こあきんど》」といい、決まった時間に来ることで、時計代わりに重宝されたという。

04

屋台・行商人

いろいろな種類

いろいろな屋台

庶民の食生活に一番身近だったのが屋台。
今でも和食を代表する天ぷらやすし、
そばなどを食べることができた。

そば

そばをゆでる鍋も備え付けられ、ゆでたてを食べることができた

すし

まぐろのづけや煮あなごなど。赤酢※を使用した酢飯は赤みがかり、サイズも今より大ぶり

※酒粕から造った酢

稲荷ずし

油揚げでしいたけやかんぴょうを混ぜたごはんを包んだものなど、様々な種類があった。値段が安く、気軽に食べられた

天ぷら

あなごやこはだ、えび、ハマグリなど、江戸前の魚介類を串に刺して天ぷらに。店内で揚げ、その場で販売した

そばの屋台・すしの屋台／江戸東京博物館、天ぷらの屋台・稲荷ずしの屋台／深川江戸資料館

いろいろな行商人

江戸の商業の中心地、日本橋。
橋のたもとが目抜き通りとなっており、
大店が軒を並べ、多くの人が行き交った。

野菜や魚などを天秤棒に担いで売り歩く棒手振。そのほか、豆腐やみそ、小間物に貸本、あめや納豆、繕いものに使うはぎれなど、多彩な品物を扱っていた

日本橋の目抜き通りの様子／江戸東京博物館

Ⓑ八百屋

Ⓐ魚屋

Ⓓはぎれ売り

Ⓒ油屋

落語の舞台 05

船宿《ふなやど》

江戸の町には水路が張り巡らされ、少し遠方に出かけるときなどは船で移動した。

船宿の様子／深川江戸資料館

「若い衆、我々は上がるよ、大丈夫かい？」「お客さん、お上がりになったら、そこらで船頭をひとり雇ってください」

（『船徳』より）

行きたい場所にサッと行けるハイヤー代わり

江戸の町には水路が張り巡らされ、船がちょっとしたハイヤー代わり。庶民の足になっていた。小船や屋形船など、様々な船をチャーターできるのが川のそばに立つ船宿。船を仕立てて、吉原《よしわら》や品川などの遊び場、浅草の芝居小屋などに繰り出すのが、粋な遊び

「船宿」の出てくる噺の一例

船徳《ふなとく》　P.207

『船徳』で若旦那が転がり込んだのも、何人も船頭を抱える船宿。冬の噺である『夢金』もよく知られる。

夏の間、両国橋がかかる隅田川には花火見物に興じる屋形船や屋根《やね》船《ぶね》、猪牙《ちょき》船《ぶね》が浮かび、その間を物売りやウロロ船※、花火船が行き交った。向こう岸は西両国。見世物小屋などが立ち並んで賑わう

※船上のお客にものを売る船。ウロウロすることからウロロ船と呼ぶ

上／猪牙船（いのししの牙のように舳先《へさき》が細長い小船）と、それに屋根を付けた屋根船。夕涼みの客が乗っている

右／屋形船。大型の船は、船頭が屋根の上から櫓を漕ぐスタイル

両国橋の川開きの様子／江戸東京博物館

方とされていた。

　また、船宿はちょっとした待合いスペースとしても利用され、仕出し屋から簡単な食事やお酒を取り寄せることもできた。そのため、船に乗らなくても、簡易的な宴会場や、男女の逢引の場として利用されることもあったという。

　落語『船徳』では、家を追い出された若旦那・徳兵衛《とくべえ》が船頭修業を始めるが、お客を乗せても全く船を操ることができない。「棹《さお》は三年、櫓《ろ》は三月《みつき》」といわれ、修業はなかなか難しいようだ。本来の船頭は名人肌。腕次第で、かなりのスピードが出せたという。

落語の舞台
06
芝居小屋

江戸で大人気の娯楽のひとつ。落語では、若旦那も夢中になって素人芝居に興じる。

劇場の座席は、桝席《ますせき》と両脇の桟敷席《さじきせき》に分かれる。
庶民が利用する桝席は、4～6人掛けの相席

大芝居繁栄之図（江戸東京博物館蔵）

江戸時代には俗に“日《ひ》千両《せんりょう》”と申しまして、吉《よし》原《わら》、芝居、魚河岸《うおがし》、この三つにそれぞれ一日に千両ずつお金が落ちたと申します……

（『淀五郎』より）

「芝居小屋」の出てくる噺の一例

中村仲蔵《なかむらなかぞう》　P.204

七段目《しちだんめ》

淀五郎《よどごろう》

俳優の出世を描く『中村仲蔵』『淀五郎』のほか、『七段目』など、芝居にハマる素人の噺も。

庶民のハレの日
芝居見物

江戸の芝居小屋は、元々は人形町から銀座付近に集まっていた。中村座・市村座・森田座が幕府公認の劇場で「江戸三座《えどさんざ》」と称し、周囲の茶屋も含めて芝居町を形成していた。しかし、1841年の天保《てんぽう》の改革により、火災や治安上の問題から、劇場は全て浅草の猿《さる》

中村家門弟附録
初代中村仲蔵・
二代目仲蔵・中村鶴蔵
（国立国会図書館蔵）

中村座の正面／江戸東京博物館

絵草子屋の店先／江戸東京博物館

右上／芝居小屋の中央にあるのが、座の象徴といえる櫓《やぐら》。銀杏の紋は中村座

左上・右下／役者や相撲取り、花魁《おいらん》が描かれた錦絵も人気。江戸時代の書店「絵《え》草子屋《ぞうしや》」で販売された

若町《わかまち》に移転となった。辺ぴな場所で、芝居見物も一日がかりになったが、それでもたいへん繁盛した。人気のある「千両役者《せんりょうやくしゃ》」は、年収が千両（一億円前後※）あったそう。

芝居見物に行くと、たいていは芝居茶屋《しばいぢゃや》から入り、お茶菓子と弁当、すしをお昼に食べる。それから芝居見物に向かった。観劇とは、食事も含めてその一日を楽しむ一大イベントだった。

役者が描かれた錦絵《にしきえ》も販売され、人気を集めた。錦絵は現在のアイドルのブロマイドのような存在。人気の役者の髪型や着物は、みんなが真似したという。

※一両の価値は時代により変動した。

落語の舞台
07

湯《ゆ》屋《や》・髪結床《かみゆいどこ》

きれい好きの江戸っ子の社交場。一日に何度も湯屋に通うこともあったという。湯屋の後は髪結床で髪を整える。

肌競花の勝婦湯（国立国会図書館蔵）

あなたは湯上りだときれいだわ、なんて言ってくれるだろうか……

（『不動坊《ふどうぼう》』より）

「湯屋・髪結床」の出てくる噺の一例

『不動坊』では、今夜美人の妻を迎える男が、張り切って湯屋に来て妄想にふける。

庶民の社交場 湯屋と髪結床

江戸時代、家に風呂を持つのは武家などに限られた。きれい好きの江戸っ子は、日常的に湯屋（風呂屋）に通っていた。当初は多くが「入込《いりこみ》」（混浴）だったが、風紀上の問題から、1791（寛政3）年に男女の混浴が禁止された。

湯屋に入ると、まずは番台で入

P.172／左から番台、脱衣場、洗い場と続く。右奥の赤い柱の奥に、ざくろ口と呼ばれる湯船の入り口がある。黒い服の男は湯屋で働く「三助《さんすけ》」。客の髪すきや垢すりを行った

右／長屋の一角の髪結床。客は男性が基本。女性は自分で結うのが嗜《たしな》みとされた

浮世床（江戸東京博物館蔵）

番台でお金を払ってから入浴する。入浴料の相場は8文ほど。正月には入浴料とは別に、祝儀を番台横の台に置くのが慣わしだった

睦月わか湯の図
（国立国会図書館蔵）

浴料を払う。落語『湯屋番』では、湯屋に働きに出た若旦那が、女風呂を覗こうと、しきりに番台に上りたがる。番台の先には脱衣場と洗い場。ざくろ口（入り口）をくぐると湯船がある。蒸気が逃げないように、板戸で仕切られていた。2階部分には、囲碁将棋卓が置かれ、湯上がりのスペースだった。

　また、湯屋を出た後は、髪結床で髪を結い直す。髪結は長屋などの一角に店を構え、客は上がり框《かまち》に座り、月代《さかやき》※や顔を剃り、髷《まげ》を結ってもらう。落語『浮世床』のように客同士の話が盛り上がり、湯屋と同様いい社交場となった。

※昔の男性の髪型で、前頭部から頭頂まで髪を剃り上げた部分

落語に感じる四季

季節ごとに高座でかかりやすい噺のさわりをご紹介。落語で季節を感じてみよう。

春

春の陽気に誘われて、賑やかにお花見やピクニックに繰り出す人々。

隅田川東岸花見図（部分）
（江戸東京博物館蔵）

愛宕山《あたごやま》(P.189)

春の山にピクニック

春の京都。幇間《たいこ》の一八《いっぱち》や大勢を連れて愛宕の山遊びに出かけた旦那。土器《かわらけ》投げで代わりに小判を投げ始め、慌てた一八は……。

長屋の花見 (P.205)

お酒はなくても楽しい花見

貧乏長屋の一同が、大家の計らいで花見に繰り出すことに。酒は薄めた番茶。「長屋にいいことがあるよ、酒柱《さかばしら》が立った」

死神 (P.196)

ちょっとゾッとする怪談

金策に困って、死を決意した男。しかし、死神が出てきて金もうけの技を教えてくれた。男は一旦は大金持ちになるが……。

青菜《あおな》(P.188)

暑気払いの冷酒と……

暑い日、仕事終わりの植木屋は、その家の旦那に涼み酒をごちそうになる。つまみの青菜が出せなかったときの妻の対応とは。

船徳《ふなとく》(P.207)

夏の夜は船で夕涼み

旧暦の7月10日、浅草寺の縁日で、船宿《ふなやど》は大盛況。船頭が出払ってしまい、見習いの若旦那が、お客を乗せて悪戦苦闘する。

夏

お祭りや花火で盛り上がるのは現代と同じ。夏ならではの怪談ものも多い。

江戸両国橋夕涼大花火之図
（江戸東京博物館蔵）

秋

秋の味覚や、季節の長雨をモチーフにした噺で、深まる秋を感じよう。

江都名所目黒不動詣（江戸東京博物館蔵）

目黒のさんま (P.209)

脂ののったさんまがおいしい季節

野《の》駆《が》けで江戸のはずれ、目黒まで来た殿様。弁当の用意がなく、仕方なく食べた農家の焼くさんまが、思いのほかおいしい。

笠碁《かさご》 (P.191)

秋の長雨に碁を打つ2人

ふとしたことから仲たがいした碁《ご》敵《がたき》の2人。長雨の日々、暇を持て余す。一人が意を決して雨の中、笠をかぶり訪ねていくが……。

冬

大みそかの特別興行から、新年の顔見世興行まで、年末年始も寄席では落語が楽しめる。

初春路上図（『東都歳時記』）（江戸東京博物館蔵）

時そば (P.204)

寒い夜にはアツアツのおそば

冬の深夜、屋台のそばを食べに来た男は、巧みな話術でそばの勘定をごまかす。そばを食べる仕草も楽しめる、冬の定番。

初天神《はつてんじん》 (P.206)

ほっこりするお正月ネタ

初天神詣でに出かけた父親と息子。息子にしきりとモノをねだられ、父親は閉口するが……。親子のやりとりが微笑ましい。

芝浜《しばはま》 (P.197)

年末に欠かせない大ネタ

酒におぼれて仕事をしなくなった魚屋。ある日、浜で五十両余りの大金が入った財布を拾うが……。夫婦の絆を再認識する噺。

東京にある
落語の舞台

落語の噺の舞台となったのはこんな場所。その世界をもっと身近に感じに行こう。

1 浅草

遊郭《ゆうかく》も芝居もここに

金龍山浅草寺《きんりゅうざんせんそうじ》一帯の地名。江戸幕府公認の遊郭である「吉原《よしわら》」は、浅草寺の裏手に広がる一帯を指した。堅物《かたぶつ》の若旦那が「観音様(浅草寺)裏の稲荷におこもりに行く」とだまされて遊郭に連れ出される『明烏《あけがらす》』など、廓《くるわ》噺《ばなし》の舞台。また、近くの猿若町《さるわかまち》は幕府公認の芝居小屋が集まり、浅草は江戸の一大遊興地となっていた。

2 向島《むこうじま》

骨《こつ》を釣ったところ

落語『野ざらし』では、八五郎が向島で「骨」釣りを始める。というのも、長屋の隣のご隠居が向島で釣りをしたときに供養した髑髏《どくろ》が、その夜、美人の幽霊となって現れたというのだ。八五郎は美人に会いたい一心で骨釣りへ。

3 上野

花見の名所・上野公園へ

落語『長屋の花見』で、貧乏長屋の一同が出かけるのが「上野の山」。上野公園はお皿を伏せたような小山になっており、上野の山と呼ばれる。『花見の仇討ち』の飛鳥山《あすかやま》、『花見小僧』の向島《むこうじま》など、花見の噺は多い。

4 湯島《ゆしま》

親子の行き先は?

初天神《はつてんじん》とは、年明け最初の天神様の縁日。落語『初天神』では、天神詣でに向かう親子の前に、あめや団子などの露店が立ち並ぶ。江戸の天神様といえば、梅の名所として多くの庶民に親しまれてきた湯島天神もそのひとつ。

5 両国

隅田川の花火を見ながら

旧暦5月28日は隅田川の川開き。別名、両国の川開きといい、両国橋付近では盛大に花火が上がり、人でごった返す。落語『たがや』は、混雑する橋の上での、武士とたが屋(桶《おけ》の修繕などをする職人)とのひと悶着《もんちゃく》を描く。

6 田町《たまち》

財布を拾ったのは

江戸時代の芝の浜と呼ばれる場所に、魚を取り扱う市場である魚河岸《うおがし》があった。それが落語『芝浜《しばはま》』の主人公・勝《かつ》五郎《ごろう》の仕事場。勝五郎はその近くの浜で、大金の入った財布を拾う。芝は、現在の田町駅付近。

7 目黒

江戸のはずれの田園地帯

江戸時代、目黒は野駆《のが》けや鷹狩《たかが》りの名所だった。落語『目黒のさんま』では、遠乗りした殿様が初めてさんまを食する地。現代の目黒では、それにちなみ、焼いたさんまを無料でふるまう祭りや、「目黒のさんま寄席」なども行われる。

江戸・東京 落語MAP

東京の町には、
江戸落語の舞台となった
土地がそこここに。

江戸の時間・お金の数え方

江戸の時間の数え方と通貨は、現在とちがう。豆知識として覚えておこう。

時間の数え方

日の出から日の入りまでの昼と、夜をそれぞれ6等分し、それを「一刻《いっこく》」と呼んだ。

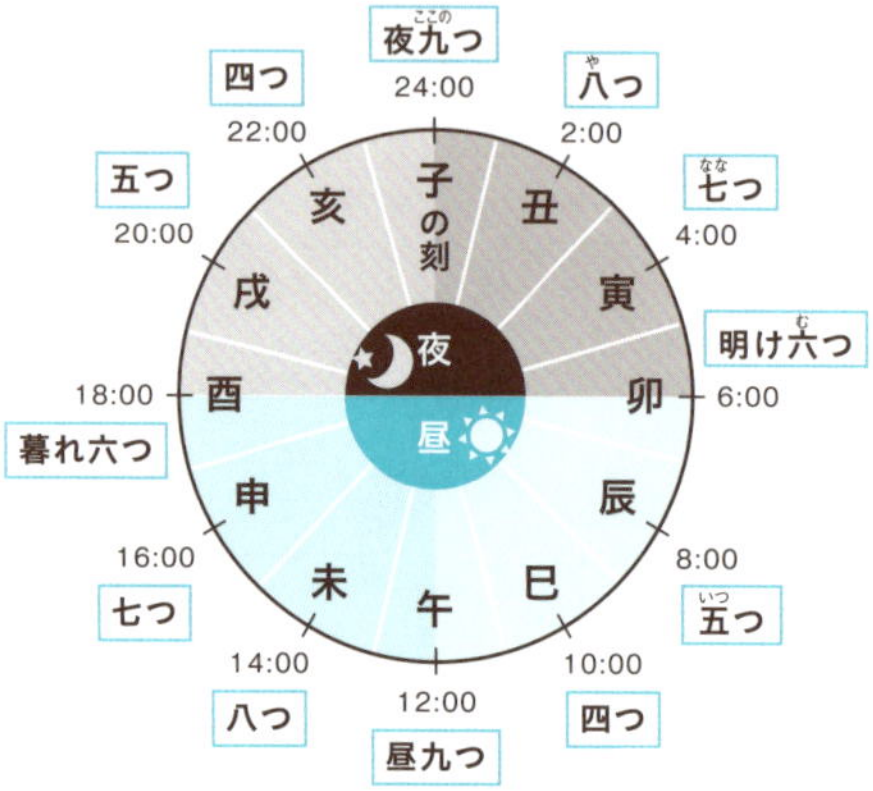

昼夜の長さは季節でちがうので、夏と冬で一刻の長さもちがった。刻の数だけ打たれる「時の鐘」の音で、時刻を知ったという。また、一日を十二等分して干支を割り振る方法もあり、「子《ね》の刻《こく》＝23時〜翌1時」のように、2時間の幅で表された。

お金の数え方

貨幣は、金、銀、銭《ぜに》の3種類。庶民の普段使いは銭。金や銀は商取引などに使われた。

江戸の物価の一例

- そば1杯＝16文
- すし1個＝約7文
- 米1升＝約40文
- 大工の日当＝約350〜600文

公には金一両あたり、銀60匁、銭4000文と定められていたが、実際は日々変動していた。丁銀は銀の塊で、重さで取引された。

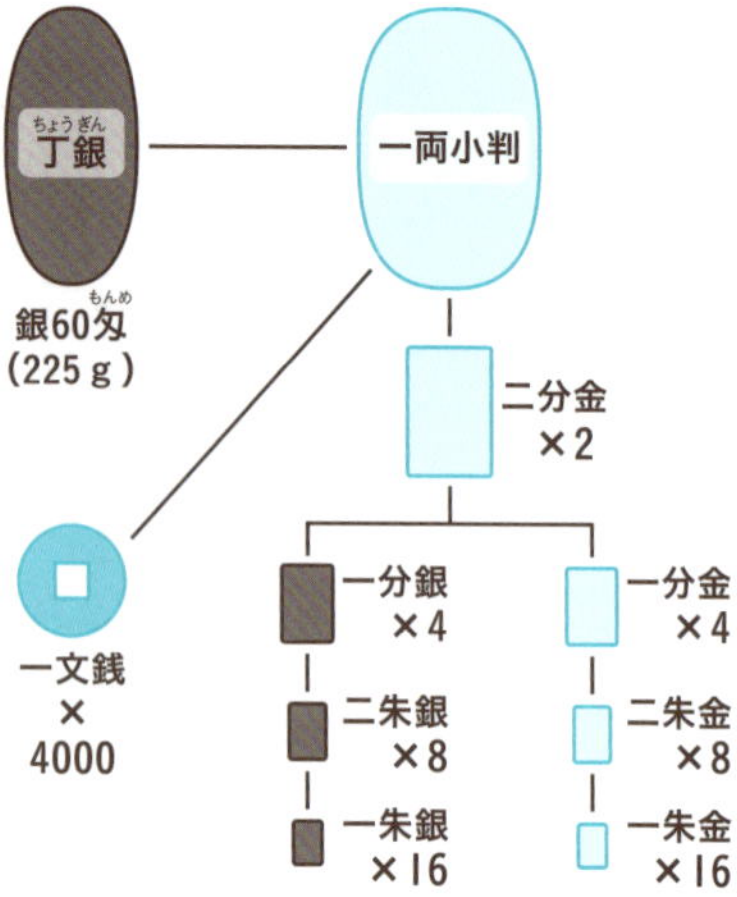

落語『時そば』から学ぶ、時間とお金の数え方

そば屋からお金をごまかす際に、時の数え方が重要になる。真似するだけではダメなのだ。

男「いくらだい？」　そば屋「十六文で」
男「銭が細けえんだ。お前さんの手に置くから、手を出してくんねえ」
そば屋「へい。これに願います」

十六文だったな？
ひー、ふうー、みー、よー、
いつ、むー、なな、やー、
何刻（なんどき）だい？
エー、九つ（ここのつ）で
とお、十一、十二、十三、
十四、十五、十六……
じゃ、あばよ
（お金を1文ごまかしてしまった！）
深夜0:00
（九つ）
の場合

十六文だったな？
ひー、ふうー、みー、よー、
いつ、むー、なな、やー、
何刻だい？
へー、四つ（よつ）で
いつ、むー、なな、やー……
（多く払ってしまった!?）
夜10:00
（四つ）
の場合

一人目の男は、時間が深夜0時（九つ）なのを見計らってお金をごまかした。しかし、二人目がそばを食べたのは夜10時（四つ）。同じようにしてもうまくいかない。

落語の中の江戸時代

本来の落語は古典ではなく全てが新作だった

古典落語を聴くうえで、江戸時代の風習や風俗を知っておくと、確かによりわかりやすいといえる。そのため、前ページまで江戸の風俗や文化を紹介してきた。

けれども、本来の落語は江戸時代に江戸の話をするという、リアルタイムの話題を噺《はなし》にして演じていたもの。お客は、テレビでお笑いを見るような感覚で、刹那的な笑いを求めていた。落語家のもうひとつの呼び方「噺家《はなしか》」も、「口偏に新しい」と書き、それをよく表している。

昭和の初め頃までは、「古典落語」という呼び方もなく、「江戸の噺を現在に置き換える」という方式が取られていた。例えば、5代目柳家小《やなぎやこ》さん（P.233）がやる落語『出来心《できごころ》』では、日比谷公園に泥棒が入る。入った家に電話があり、「あっ、これ交番じゃねえか」などというくだりがある。そのほか、『長屋の花見』（P.205）にサイダーが登場することもあった。噺の中に「昭和」のサインをたくさんちりばめ、時代に合うように焼き直していたのだ。

古典や新作にとらわれずシンプルに楽しみたい

ところが、戦後になるとマンションが建ち始める。さすがに長屋をマンションには置き換えられない。廓噺《くるわばなし》の舞台「吉原《よしわら》」を、体験者として語れる人もほとんどいなくなってしまった。そのため、「お古いお話を申し上げます」という断りのマクラをつけるようになる。

現在にいたっては、お客は「江戸の話を聴こう」という気持ちで落語を聴きに来る。江戸時代はファンタジーとして落語の中に存在し、リアルで知らないことは当たり前なので、「古い話」と断りを入れることはほとんどない。

しかし、落語とは本来、「江戸を紹介する芸能」ではなく、ひとりで複数の人物を演じる様子や、本当にあるかのようなリアリティのある仕草を楽しむための芸能。時代背景などの知識がなく、難しいことを考えずに楽しめるのが落語のよさなのだ。「江戸の話を聴く」という先入観は捨てて、シンプルに落語を聴いてみても、きっと楽しめる。

花緑の

噺家こぼればなし

06 寄席《よせ》のあれこれ

縁起担ぎの「寄席文字《よせもじ》」「高座返し《こうざがえ》」……

寄席の前に置かれ、当日の出演者などが書いてある「マネキ」と呼ばれる看板（P.221参照）。その看板の文字に代表されるように、落語といえば、太い字で書かれた「寄席文字」がよく知られています。この文字は、江戸時代の書体である「江戸文字」から分岐した寄席だけの文字。太い字で、白い紙を隙間なく埋めるように書かれるのが特徴で、紙を客席に見立て、お客で客席が埋まるように、という願いが込められています。現在の寄席文字は、橘右近《たちばなうこん》さんという書家が家元となり、統一された様式を確立しています。

また、座布団の敷き方も縁起担ぎのひとつ。落語家が高座で座る座布団は、三方向が縫ってあり、縫い目（切れ目）がないところを前方に出すように敷きます。これも、お客様との縁が切れないようにという縁起担ぎ。前座が高座返しをするときにも、座布団を返してから前に縫い目が来ないように回して整えます。

座布団を返すのは、昔からの風習にならって。畳の生活が基本だった時代、来客に自分が座っていた座布団をすすめるときは、裏に返してから出すのが礼儀でした。以前、僕の独演会で、着物を変えるために、一度退場したことがありました。このとき弟子に、「高座返しはしますか？」と、聞かれたんです。でもこの場合、座布団には自分だけしか座らないので、ひっくり返す必要はないんですね。「お茶の茶碗だけ下げてくれ」と伝えました。

あとは、寄席の開場前から終演後にたたかれる太鼓の音も、縁起担ぎなんです。開場時の「一番太鼓」は「ドンドンドントコイ」。お客さんがどんどん来ることを願って。そのほか、様々な意味を込めてたたいているので（P.131参照）、寄席に行った際には、ぜひ耳を澄ましてみてくださいね。

七席目

定番落語
演目紹介45

寄席の高座でよくかけられ、聴ける可能性が高い噺を、コラムニストの堀井憲一郎さん(プロフィールはP.235)に伺った。また、教養としても知っておきたい定番の演目と、本の中で紹介している演目を中心に45本を選んだ。花緑師匠がよく演じる演目は、師匠自身の解説付き。

※紹介した45本の噺に関しては、堀井さんが寄席でよく聴いたネタに加え、ホール落語会などでよく聴くネタも含めてピックアップした。

＼ 行ってみたら聴けるかも !? ／

寄《よ》席《せ》でよく聴く演目

ひとりの持ち時間が短い寄席では、聴ける噺も短いものが多い。

前座もベテランも演じる、シンプルな噺が上位を占める

寄席・落語会に行く回数は年間400回を超えるという堀井憲一郎さんに、約10年で東京の4つの寄席（上野《うえの》鈴本《すずもと》演芸場《えんげいじょう》、新宿《しんじゅく》末廣亭《すえひろてい》、浅草《あさくさ》演芸《えんげい》ホール、池袋《いけぶくろ》演芸場《えんげいじょう》）で聴いた噺を教えてもらった。

寄席は基本的にひとりの持ち時間が15分程度。そのため、短めでウケるネタが多く、長い噺は少ない。上位に入る『子ほめ』『初天神《はつてんじん》』『たらちね』『金明竹《きんめいちく》』などは、前座噺とも呼ばれるものだが、前座はもちろん二ツ目、真打ちも演じるため、高い確率で聴くことができる。寄席では、最後を務める主任《トリ》や、次に持ち時間の長い仲《なか》入《い》り（休憩）前の出番でも演じることがある。シンプルなネタだからこそ、演者によって全く雰囲気やキャラクターが変わってくる。そのちがいを味わうのも面白い。

ちなみに、寄席によっても客層がちがい、特に浅草演芸ホールは観光客も多いため、さらにくだけたライトなネタが多いそう。冬は『時そば』など、季節によってかかりやすいネタもある。

寄席でよく聴くネタ

堀井さんが2004年～2016年に、実際に寄席で聴いた落語の中から、
回数の多いものを順にピックアップした。

頻度 高

90回以上

- 子《こ》ほめ★
- 替《かわ》り目《め》★

50回以上

- 浮世床《うきよどこ》★
- たらちね★
- 粗忽《そこつ》の釘《くぎ》★
- 初天神《はつてんじん》★
- 親子酒《おやこざけ》★
- 長短《ちょうたん》★
- 時《とき》そば★
- 真田小僧《さなだこぞう》★

40回以上

- 家見舞《いえみまい》
- 紙入《かみい》れ
- 宮戸川《みやとがわ》★
- 強情灸《ごうじょうきゅう》
- 牛《うし》ほめ
- 転失気《てんしき》★
- 短命《たんめい》★
- 看板《かんばん》のピン
- 金明竹《きんめいちく》★
- 道灌《どうかん》★
- 手紙無筆《てがみむひつ》
- 桃太郎《ももたろう》

30回以上

- 権助魚《ごんすけざかな》
- 鮑《あわび》のし
- 粗忽長屋《そこつながや》★
- 狸《たぬき》の札《さつ》
- 長屋《ながや》の花見《はなみ》★
- 代書屋《だいしょや》
- 元犬《もといぬ》
- 湯屋番《ゆやばん》★
- ちりとてちん★
- 道具屋《どうぐや》
- 小言念仏《こごとねんぶつ》
- つぼ算《ざん》
- 宗論《しゅうろん》
- つる★
- 無精床《ぶしょうどこ》
- 寿限無《じゅげむ》★
- やかん
- 寝床《ねどこ》★

20回以上

- 幇間腹《たいこばら》
- 野《の》ざらし
- ちはやぶる
- 悋気《りんき》の独楽《こま》
- ぼやき酒屋《ざかや》
- 寄合酒《よりあいざけ》
- ガーコン
- まんじゅう怖《こわ》い★
- 紀州《きしゅう》
- 犬《いぬ》の目《め》

※2004年から2016年まで、堀井さんが寄席で聴いた全5507席の集計。あくまで堀井さんが聴いた回のみの傾向。個人的な集計なので、参考までに

※★は、P.188～210で噺のあらすじを紹介している

クスッと笑えるショートストーリーから、
泣ける長編まで

知っておきたい落語の演目

定番の長編噺も含めて、教養としても知っておきたい演目をまとめた。

長編は寄席《よせ》ではなかなか聴くことができない

寄席で聴くことのできる落語は、持ち時間の関係からライトで笑いが取れる、短めの演目がセレクトされることが多い（P.184参照）。例えば、『文七元結《ぶんしちもっとい》』『死神』などの長編噺は、主任《トリ》でないと演じることが難しいため、ランキングの上位に上がってこない。そういった噺も含めて、左記に演目をセレクトした。

ちなみに、寄席や落語会ではほとんどの場合、演目が決まっていない。それは、その日・その場のお客に一番合うものを演《や》るため。落語家は客層や雰囲気を見て、その場でネタを決めている。また、前の演者と噺の「色」がつかない（テーマや内容がかぶらない）ように調整する。お客はもちろん、演者自身も何を話すのか直前までわからないのだ。このため、「ここに紹介の演目を聴きに行こう」ということはできない。しかし、だからこそ、期待していた噺が聴けた喜びや、知らない噺が思いのほかよかったといううれしさを感じられることも知っておきたい。

知っておきたい演目

定番の演目の中から長編も含め、教養として知っておきたい演目を、
花緑師匠にセレクトしてもらった。
また、花緑師匠が高座でよくかける演目も紹介する。
出演する寄席・落語会に行くと、聴ける可能性が高い噺だ。

教養として知っておきたい演目

- 文七元結《ぶんしちもっとい》
- らくだ
- 子別れ
- 明烏《あけがらす》
- 死神
- ちりとてちん
- 船徳《ふなとく》
- 目黒のさんま
- 時そば
- 芝浜《しばはま》
- 初天神《はつてんじん》
- 寿限無《じゅげむ》
- 長屋の花見
- 青菜《あおな》
- お菊の皿

柳家花緑のよく演る演目

- 笠碁《かさご》
- 試し酒
- 井戸の茶碗
- 中村仲蔵《なかむらなかぞう》
- 刀屋（おせつ徳三郎《とくさぶろう》・下）
- 天狗裁《てんぐさば》き
- 竹の水仙
- 二階ぞめき
- 蜘蛛駕籠《くもかご》
- つる
- 長短
- 紺屋高尾《こうやたかお》
- 愛宕山《あたごやま》
- 不動坊《ふどうぼう》
- 目黒のさんま

風流な言い回しに感動

青菜《あおな》

STORY

植木屋が仕事先の旦那から、酒と菜（青菜のおひたし）を勧められる。そこへ奥様が現れて、「鞍馬《くらま》から牛若丸《うしわかまる》が出《いで》ましてその名を九郎判官《くろうほうがん》」。「そうか、義経《よしつね》にしておきなさい」と旦那。菜は食べてしまった、ならばよそう、と見事な隠し言葉。感動した植木屋は、早速家で友人を相手にやってみる。女房「鞍馬から牛若丸が出ましてその名を九郎判官義経」。返事まで言ってしまい、植木屋は仕方なく「じゃあ弁慶にしておけ」

覚えておきたい

「鞍馬《くらま》から……」

幼少期、鞍馬山にいた牛若丸の別の名《な》を九郎《くろう》（菜を喰《く》らふ）判官。つまり義経《よしつね》（止《よ》しておこう）。オチは、従者の弁慶が、立ったままの壮絶な死を遂げたことから「立ち往生」、つまり途方に暮れることを表す。

主な登場人物

- 旦那
- 奥様
- 植木屋
- 女房

先に帰ってはいけない

明烏《あけがらす》

STORY

一人息子の若旦那、時次郎《ときじろう》は真面目で純情。心配した父親の頼みで、町内の遊び人2人が、浅草寺裏のお稲荷様におこもりに行こうと時次郎を誘い出す。行った先は吉原《よしわら》、若旦那は帰ると言い張るが、「行きと帰りで人数が違うと大門《おおもん》で止められる」と嘘の脅しをかけられて、渋々一夜を過ごす。ところが朝になると、時次郎はすっかり花魁《おいらん》に夢中。嫉妬した2人が帰ろうとすると、「帰れるなら帰ってみなさい。大門で止められます」

覚えておきたい

「大門《おおもん》で止められる」

浅草寺裏のお稲荷様とは、すなわち江戸の遊郭である吉原のこと。客は大門と呼ばれる門から吉原に出入りする。もちろんひとりで出て行ってもよい。若旦那が帰らないようについた嘘だった。

主な登場人物

- 時次郎
- 父親
- 遊び人2人
- 花魁

無事に生還するも……

愛宕山《あたごやま》

「柳家花緑のよく演る演目」
▼P.212参照

STORY

幇間《たいこ》の一八《いっぱち》は、旦那ご一行のお供をして、京都の愛宕山で山遊び。中腹でひと休みしていると、谷にかけられた的に、土器《かわらけ》を投げ入れる遊びが始まった。そこへ旦那が土器の代わりに小判を投げ始める。「拾えたら拾ったやつのものだ」と言われて、一八は恐怖と闘いながらも谷底へ。全て回収したが、今度は簡単には上がれない。着物を割いて縄をない、それにすがってよじ登った。旦那「えらい！　ところで金は？」「あ、忘れてきた」

覚えておきたい

「幇間《たいこ》」

旦那のお供をして遊びに付き合う人。男芸者とも。調子のいいことを言って機嫌を取ったり、芸者などを助けて場の雰囲気を盛り上げたりする。酒席に出ることも多い。「ほうかん」とも読む。

主な登場人物

● 一八　● 旦那
● 取り巻きの面々

3人の正直者の噺

井戸の茶碗《いどのちゃわん》

「柳家花緑のよく演る演目」
▼P.217参照

STORY

くず屋の清兵衛《せいべえ》は、長屋に住む貧しい浪人・千代田卜斎《ちよだぼくさい》から仏像を預かった。それを三百文で買い取ったのが、高木《たか》佐久左衛門《ぎさくざえもん》という若い侍。しかし、仏像を磨くと、中から五十両の包みが出てきた。高木は持ち主に返すよう清兵衛に頼むが、卜斎は一度売ったものと受け取ろうとしない。最終的には清兵衛に十両、高木と卜斎に二十両ずつと分け、さらに高木が卜斎の茶碗を買い取ったことにした。

ところがこの茶碗が「井戸の茶碗」という三百両もの名器。その半金を渡そうという高木の提案に、卜斎は自分の娘の高木への嫁入りを提案し、持参金としてなら受け取るという。貧しい身なりでも美しい娘で、清兵衛は喜んで高木に報告に行く。「磨いてごらんなさい、いい女ですから」「いや、磨くのはよそう。また小判が出るといけない」

主な登場人物

● 清兵衛　● 千代田卜斎
● 高木佐久左衛門　● 娘

浮世床《うきよどこ》

床屋で起きるひと騒動

STORY

髪結床《かみゆいどこ》（床屋）の片隅で読書にふける男。字が読めないはずなのに、といぶかしむ友人たち。読んで聞かせろ、と言うと「立て板に水だ、よく聞け！」。とは言うものの「ひ、ひと……ひと、……つあね」と、意味がわからない。そのうち、将棋をさす者、寝ぼけて夢の話をする者と騒々しい。そんな中、勘定を支払わずに帰ってしまった客がいて……。髪結床を舞台にした小咄《こばなし》集でオチが数か所あるため、寄席などでは途中でオチをつけることが多い。

覚えておきたい

「髪結床《かみゆいどこ》」

髪結床（P.173）は江戸の社交場。髪結い場の脇には順番待ちのための小部屋があって、将棋盤や碁盤、貸本などが置いてある。そこに若者たちがたむろし、世間話や情報交換に興じる場所だった。

主な登場人物

- 髪結床にたむろする若者たち
- 髪結いの亭主

お菊《きく》の皿《さら》

お休みの分も数えました

STORY

お菊の幽霊が毎夜皿の数を数えるという廃屋敷。九枚まで数えたところを聞くと命を失うという。怖いもの見たさで忍び込んだ数人。真夜中にお菊が現れ、六枚まで数えたところで逃げ出した。そのスリルが病《や》みつきになり、一行は毎夜廃屋敷に通うように。お菊もまんざらではない。ところがある夜、皿を数えるスピードがいつもより早い。「十枚、十一枚……十八枚」。それでも誰も死んでいない。最後にお菊、「明日はお休みします」

覚えておきたい

「番町皿屋敷《ばんちょうさらやしき》」

10枚組の皿のうち一枚を盗んだという濡れ衣を着せられて殺され、井戸に投げ込まれた女中・お菊。その後、屋敷の井戸から毎晩、お菊が皿の数を数える声が聞こえるという有名な怪談。

主な登場人物

- 怖いもの見たさの若者たち
- お菊の幽霊

好きなものはやめられない

親子酒《おやこざけ》

STORY

酒好きの父親とその息子。父親が息子の将来を思い、禁酒を誓い合ったが、何日かすると我慢ができなくなる。ある夜、息子の外出中、「腹のさっぱりするようなものが飲みたい」と、父親は女房を拝み倒し、とうとう数週間ぶりの晩酌。一杯だけのつもりが、あと一杯……と杯を重ねてベロベロに。そこへ帰宅した息子だが、どうも様子がおかしい。ろれつが回らず、顔も赤い。もうろうとしていた父親は、居住まいを正して詰問するが……。

覚えておきたい

「身代《しんだい》は渡せない」

最後に父親、「お前の顔が七つにも八つにも見えてきた。こんな化け物に身代は渡せない」。身代とは、自分が持っている財産や資産のこと。負けじと息子、「こんなグルグル回る家はもらったって仕方がない」

主な登場人物

- 酒好きの父親
- 女房
- 同じく酒好きの息子

碁敵は無二の親友

笠碁《かさご》

「柳家花緑のよく演る演目」▼P.216参照

STORY

「待った」「待たない」で喧嘩になった碁敵《ごがたき》の2人。長雨の降る数日、お互いが暇を持て余す。あいつと碁がしたい、でも謝るのは性に合わない。ひとりは外から見えるように碁盤を出し、相手がうっかり飛び込んで来ないかと待ち構える。もうひとりはそっと偵察へ。傘がないので菅笠《すげがさ》をかぶって出かけ、家の前を行ったり来たりして、ついに仲直り。早速碁を指し始めるが、盤が濡れている。「お前さん、かぶり笠をつけたままだ」

覚えておきたい

「待った」

囲碁や将棋で、一度指した手を直すことを「待った」という。『笠碁』では、「待ったなし」のルールで始めたはずなのに、ひとりが「待った」をしてほしいと提案し、そこから喧嘩に発展した。

主な登場人物

- 碁敵の2人
- 女房
- 番頭

お嬢様と奉公人のラブロマンス

刀屋《かたなや》（おせつ徳三郎《とくさぶろう》・下）

「柳家花緑のよく演る演目」
▼P.213参照

STORY

思いつめた表情の若い男が刀屋に飛び込んできた。「斬れる刀をください!」。若者が語ったのは、大店《おおだな》のお嬢様と奉公人との許されぬ恋。しかしお嬢様は婿を取ることになり、奉公人は彼女を殺して自分も死のうと考えたという。そこへ、そのお嬢様が婚礼の席を飛び出したという知らせ。実は若者こそ、話の中の奉公人。駆け出して両国橋の上でお嬢様と出会う。入水して心中する決意の2人、お題目《だいもく》を唱えて川に飛び込んだが……。

覚えておきたい

「お材木《ざいもく》で助かりました」

お題目とは「南無妙法蓮華経《なむみょうほうれんげきょう》」という、日蓮宗《にちれんしゅう》で唱えるお経。川に飛び込んだ2人だが、川面に浮かんだいかだ（材木）の上に飛び降りてしまい、死ねない。「お材木（題目）で助かりました」

主な登場人物

- 若者（徳三郎）
- お嬢様（おせつ）
- 刀屋の主人

おせつ徳三郎《とくさぶろう》

『花見小僧《はなみこぞう》』と『刀屋』の上下に分けて演じられる

おせつは大店の一人娘。徳三郎はその奉公人。身分ちがいの2人の恋は、当時の社会ではタブーだった。

父親は娘にいずれ婿を取らせたいのだが、おせつが数ある縁談を全て断ってしまう。番頭によると、どうやら奉公人の徳三郎といい仲になっているよう。去年の向島の花見がどうも怪しい。同行した小僧の定吉《さだきち》を呼んで問いただすと、最初は言い渋っていたが、旦那と番頭が脅したりもので釣ったりした結果、結局全部話してしまった。おせつと徳三郎が、花見に行った際の料理屋の座敷で2人きりになり、仲良くしていたというのだ。怒った旦那、徳三郎に暇を出してしまう。ここまでが前半の『花見小僧』。

後半の『刀屋』は、徳三郎とおせつのその後の話。おせつの婚礼の噂に頭に血が上った徳三郎が、無理心中を決意して刀屋に飛び込むところから始まる。

全ての話を演じると長くなるので、上と下で分けて演じることが多い。

女房の優しさがありがたい

替《かわ》り目《め》

STORY

酔っぱらいに声をかけた人力車の俥夫。問答の末に乗ってくれたが、乗せたところは、酔っぱらいの家の前だった。車代を払ったのは、家にいた女房。まだ飲みたいという旦那のために、おでん屋におでんを買いに行く。もう行ったと思った旦那、「酔っぱらいの面倒を見てくれるいい女房だ。おれには過ぎもの」などと、散々ほめちぎるが、実はまだ女房は出かけていなかった。本音を聞かれた旦那、「たいへん、元帳《もとちょう》見られちゃったよ」

覚えておきたい

「銚子《ちょうし》の替《かわ》り目《め》」

一般的な上記のオチには続きがあり、旦那が屋台のうどん屋に銚子の燗《かん》をつけさせる。帰った女房がうどんも買わずに帰したと聞き、呼び戻そうとするが、うどん屋「いけねえ、銚子の替り目(また燗をつけさせられる)だ」でオチ。

主な登場人物

● 酔っぱらい ● 女房

● 俥夫 ● うどん屋

早口の関西(上方)弁がわからない

金明竹《きんめいちく》

STORY

おじの骨董屋を手伝う松公。水をまけば二階の座敷にまでまいてしまうなど失敗ばかり。店番中に、商売仲間から使いが来た。早口の上方なまりでの伝言で、骨董品の名が次々と飛び出す。「……古池や蛙飛び込む水の音と申します、ありゃ、風羅坊正筆の掛け物……」。松公は全く聞き取れず、おばにも聞いてもらうが、こちらもわからない。帰って来たおじに、おばが伝言を説明しようとするがとんちんかんな内容に……。

覚えておきたい

「風羅坊正筆《ふうらぼうしょうひつ》の掛け物」

「風羅坊」とは、歌人・松尾芭蕉の別名。「正筆」とは、肉筆のこと。そのほか、口上に出てくる「金明竹の花活け」が、噺のタイトルに。金明竹とは、黄色と緑が規則正しく並ぶ、竹の一種。

主な登場人物

● 松公 ● おじ ● おば

● 上方弁の使い

これが本当の「くもすけ」

蜘《く》蛛《も》駕《か》籠《ご》

「柳家花緑のよく演る演目」
▼P.215参照

STORY

客待ちの駕籠屋の2人。ひとりは新米で、強引に客を捕まえて駕籠に乗せるが、目の前の茶店の店主だった。武士、酔っぱらいと次々に来るが、乗ってもらえない。最後は金持ちの旦那。2倍の料金でと言われて走り出すが、やけに駕籠が重い。実はこっそり、2人で乗っていたのだ。とうとう駕籠の底が抜け、客2人は駕籠と一緒に走り出す。駕籠の中に足が4本、全部で足が8本。奇妙な姿に、道行く人は「これが本当の蜘蛛駕籠だ」

覚えておきたい

「雲助《くもすけ》」

街なかで客引きをする駕籠屋を、蜘蛛が網を張って獲物を狙う様子と重ねて、「雲助」という。その呼び方に、底が抜けた駕籠に8本の足が生え、蜘蛛のように見えることをひっかけて「蜘蛛駕籠」。

主な登場人物

- 駕籠屋の2人
- 茶店の店主
- 侍
- 酔っぱらい
- 旦那衆

江戸の逆シンデレラストーリー

紺《こう》屋《や》高《たか》尾《お》

「柳家花緑のよく演る演目」
▼P.212参照

STORY

染物屋(紺屋)の職人・久蔵《きゅうぞう》は、吉原《よしわら》で全盛の花魁《おいらん》、高尾《たかお》太夫《だゆう》を見て、恋に落ちた。相手はひと晩だけで十両もの大金が必要な、一流の花魁。3年間、久蔵は必死で働いて稼ぎを全て貯め、晴れて高尾と一夜を共にした。久蔵の告白を聞いた高尾は心を動かされ、来年、年季が明けるから女房にしてほしいと頼む。本当に一年後、久蔵の元には高尾がやって来た。2人は夫婦になり、久蔵は独立。高尾の考案した染物で、店は大いに繁盛した。

覚えておきたい

「太夫《だゆう》」

「大名道具《だいみょうどうぐ》」ともいい、豪商や大名の相手をする、吉原で最高位の花魁のこと。この噺の高尾太夫は実在の人物。誠実さに惹かれて職人と夫婦となり、子どもを3人もうけ、84歳まで生きたという。

主な登場人物

- 久蔵
- 高尾太夫
- 紺屋の店主
- 医者

子《こ》ほめ

タダ酒が飲みたい！

STORY

ご隠居にタダ酒をねだりに行った八五郎。ごちそうされたければお世辞のひとつも言いなさい、と説教される。例えば、人は若く見られると気分がよくなると教えてもらう。それでは子どもをほめて親におごってもらおうと、子どもが生まれたばかりの友人宅へ。「今日が初七日だってね」「縁起でもない、お七夜だよ」「この赤ちゃんはおいくつ?」「生まれたばかりの赤ん坊だ、ひとつに決まってるだろう」「ひとつとはお若い。どう見てもタダ（0歳）だ」

覚えておきたい

「ひとつとはお若い」

当時は生まれ年を一歳とし、正月のたびに年齢を重ねるとする「数え年」で年齢を数える。そのため、生まれたばかりの赤ん坊も「ひとつ」とされる。つまり、0歳（タダ）は存在しない。

主な登場人物

- 八五郎
- 友人
- ご隠居

子別《こわか》れ

子どもがつないだ夫婦の絆

STORY

大工の熊五郎《くまごろう》は酒におぼれ、女房は子どもの亀吉《かめきち》と出て行った。猛省した熊五郎、酒を断ち真面目に働き始めた。ある日、偶然にも亀吉と再会して小遣いを渡すが、そのお金を見た母親は、盗んだのではと疑う。「正直に言わないとこれで打つよ」とげんのうを持ち出すと、亀吉は泣いて全てを白状し、夫婦は再会。熊五郎が復縁を申し出る。母親「子は夫婦のかすがいだね」。亀吉「あたいがかすがい。道理で昨日、げんのうで打つと言った」

覚えておきたい

「子はかすがい」

かすがいとは、材木と材木をつなぐために打ち込む、両端が曲がったコの字型の釘。夫婦と子どもとのつながりのことをそう呼ぶこともある。げんのうとは、かすがいを打ち込む金槌《かなづち》のこと。

主な登場人物

- 熊五郎
- 亀吉
- 女房

悪知恵の働く子ども

真田《さなだ》小僧《こぞう》

STORY

父親の周りをうろうろする息子。外で遊ぶにも必要なものがあるという。「小遣いはやらないよ」と、父親は突っぱねるが、息子の口車に乗せられ、三銭取られる。父親は女房に愚痴り、賢い子どもの手本として、講釈『真田三代記』の真田幸村の少年時代を語って聞かせた。それを立ち聞きしていた息子、真田の旗印「六連《ろくれん》銭《せん》」について聞くとかこつけて、さらに五十銭を6枚巻き上げた。「焼き芋食うんだ」「ああ、うちの真田も薩摩に落ちた」

覚えておきたい

「うちの真田も薩摩に落ちた」

真田家の紋は6枚の銭を並べた形。それがさつまいもに変わってしまうということ。真田幸村《ゆきむら》の最期が、切腹か薩摩に落ちた（逃げのびた）と言われることに掛けて。

主な登場人物

- 父親
- 子ども
- 女房

死神との約束

死神《しにがみ》

STORY

金に困った男、自殺を考えるが、そのとき死神が現れる。「お前はまだ死ぬ運命にない。金もうけの方法を教えてやろう」病人の足元に死神がいる場合は、呪文を唱えて退散させることができ、病も治るという。枕元にいたら、もう寿命はない。

男は一躍、名医として評判になり、財産をなす。あるとき大富豪からの依頼があったが、運悪く死神は枕元。大金に目がくらんだ男は、布団を180度回転させて死神を足元へ移動させ、呪文を唱えて消してしまった。

しかし、約束をやぶった男のもとに死神が現れ、無数のろうそくが灯る空間に連れていかれる。ろうそくは人間の寿命で、目の前の今にも消えそうな焔《ほのお》が男の命。ろうそくの火を別のろうそくにつぐと、寿命が延ばせるという。男は火をつごうとするが、手が震えてつげない。死神「消えるよ……消えるよ、ほら、消えた」

主な登場人物

- 男
- 死神

夫婦の絆ストーリー

芝浜《しばはま》

STORY

元は腕のいい魚屋の勝五郎《かつごろう》だが、酒におぼれて全く仕事をしない。女房にはっぱをかけられ、20日ぶりに出かけた芝の浜の魚河岸《うおがし》(市場)。その浜で革財布を拾う。中に入っていたのは、五十両もの大金(今の500万円前後)だ。喜んだ勝五郎、たらふく飲んで泥酔するが、翌朝女房に起こされる。聞けば、財布を拾ったのは夢だったという。

勝五郎は衝撃を受けて一念発起。以後は酒を断って真面目に働き、三年後にはとうとう、自分の店を持つまでになった。

その年の暮れ、女房が取り出したのは、夢だと思っていた革財布。また怠け者に戻ってはと、隠し持っていたという。亭主のためを思っての嘘に、勝五郎は心を打たれる。お祝いにと女房が差し出す杯を受け取ったが、それを置く。「よそう、また夢になるといけねえ」

主な登場人物

- 勝五郎
- 女房

長い長い名前の子ども

寿限無《じゅげむ》

STORY

待望の男の子が生まれた八五郎。和尚さんに名づけの相談に行く。縁起のいい名前を書き出してもらい、それを全部つけてしまった。その名も「寿限無寿限無《じゅげむじゅげむ》五劫《ごこう》のすりきれ、海砂利水魚《かいじゃりすいぎょ》の水行末雲《みずぎょうまつうん》行末風来末《ぎょうまつふうらいまつ》、食う寝る所に住む所、やぶら柑子《こうじ》の藪柑子《やぶこうじ》、パイポパイポパイポのシューリンガン、シューリンガンのグーリンダイ、グーリンダイのポンポコピーのポンポコナーの長久命《ちょうきゅうめい》の長助《ちょうすけ》」。長い長い名前が元で起きるひと騒動。

覚えておきたい

「寿限無《じゅげむ》」

「無量寿経《むりょうじゅきょう》」という経文にある言葉。寿命に限りがないこと。また、「五劫《ごこう》のすりきれ」は未来永劫を表す。そのほか長寿国の王子の名前など、全ての言葉にありがたいいわれがある。

主な登場人物

- 八五郎
- 女房
- 子ども
- 子の友だち
- 和尚

死んだのは自分!?

粗《そ》忽《こつ》長《なが》屋《や》

STORY

浅草寺の境内で行き倒れ（死人）があった。粗忽者の八五郎が確かめて、隣に住んでいる熊五郎ではないかという。「本人を連れてきて、確かめさせるのが一番」と、長屋に戻って熊五郎に告げた。「お前は昨日の晩に死んだんだ」。同じく粗忽者の熊五郎、すっかり信じてしまい、2人して死体を引き取りに行く。2人で死体を担ぎ出そうと抱き上げると、熊五郎「抱かれているのは確かに俺だが、抱いている俺は一体誰なんだろう」

覚えておきたい

「粗忽者《そこつもの》」

粗忽者とは、そそっかしい人、おっちょこちょいな人。死体本人を連れてくるという八五郎は、周囲に止められても全く意に介さない。熊五郎も「それで今朝は気分が悪いのか」と納得してしまう。

主な登場人物

● 八五郎
● 熊五郎

とにかく粗忽な亭主

粗《そ》忽《こつ》の釘《くぎ》

STORY

長屋に引っ越してきた夫婦。女房は旦那に、ほうきを掛ける釘を打ってほしいと頼む。とにかく粗忽な旦那、釘を柱ではなく壁に打ち込んでしまい、長屋の薄い壁のこと、隣家に突き出たにちがいないと謝りに行く。亭主がまっすぐ向かったのは向かいの長屋。もちろん釘は出ていない。やっと隣家に行くと……。前段として、亭主が前の家から引っ越すときに巻き起こすひと騒動があるが、引っ越し後から演じられることが多い。

覚えておきたい

「長屋の薄い壁」

亭主が打った「瓦釘《かわら》」は、八寸《はっすん》（約24㎝）の長い釘。当然、長屋の薄い壁を突き抜けた。釘は隣家の仏壇の仏様ののどから突き出していた。亭主、「明日からここまでほうきを掛けにこないと」

主な登場人物

● 亭主　● 女房
● 長屋の隣人

宿屋の客の正体は

竹《たけ》の水仙《すいせん》

「柳家花緑のよく演る演目」
▼P.215参照

STORY

小さな宿屋に泊まったひとりの男。何日逗留するかわからないという。朝昼晩と一升ずつ酒を飲み、数日が過ぎた。宿の女房が怪しんで聞くと、男はやはり一文無し。職業は大工といい、仕事で支払いをすることに。裏の竹やぶで竹を切り、竹の花活《い》けと水仙のつぼみを作った。朝日が差すと、花活けに生けられたつぼみがパッと開く。通りがかった大名に三百両で買い取られた。実は男、左甚五郎利勝《ひだりじんごろうとしかつ》という、彫刻の名工だった。

覚えておきたい

「左甚五郎《ひだりじんごろう》」

左甚五郎は、江戸時代初期に活躍したという高名な彫刻家。日光東照宮の眠り猫の作者とされ、甚五郎作といわれる彫り物が全国にあるが、伝説的な要素が強く、実在にも諸説ある。

主な登場人物

- 宿の客（左甚五郎）
- 宿の夫婦
- 大名

できるかどうか確かめてから

試《ため》し酒《ざけ》

「柳家花緑のよく演る演目」
▼P.216参照

STORY

近江屋《おうみや》の旦那が他家を訪問した折、お供の久蔵《きゅうぞう》が酒豪だという話になり、旦那同士で賭けをすることになった。五《ご》升《しょう》の酒を飲み切れたら近江屋の勝ち。久蔵は考えさせてくれと一度は外へ出るが、やがて戻ってきて、飲むことを承諾する。一度に一升入る大盃から5杯、久蔵は一気に飲み干した。「えらい！　ところでさっきはどこに行っていたんだ？」「五升の酒は飲んだことがないから、酒屋へ行って試しに五升飲んできた」

覚えておきたい

「五升《ごしょう》のお酒」

一升は1.8ℓ。五升飲むと9ℓものお酒を飲んだことになる。落語家が扇子を大盃に見立て、一気に飲み干す仕草が見もの。最初はおいしそうに飲み、だんだんと酔っぱらってくる久蔵の様子にも注目。

主な登場人物

- 近江屋の旦那
- 久蔵
- 訪問先の旦那

丁寧すぎてわからない

たらちね

STORY

大家に結婚を勧められた八五郎。相手は20歳で美人、財産もある。難点は、屋敷奉公をしていたので言葉遣いが丁寧すぎるということ。そんなことならと八五郎は快諾し、祝言となった。改めて花嫁に名を聞くと、「わが母三十三歳の折、ある夜丹頂《たんちょう》の鶴《つる》を夢に見て、わらわを孕《はら》めるがゆえ垂乳根《たらちね》の胎内を出《いで》し時は鶴女《つるじょ》鶴女と申せしがそれは幼名、成長の後、清女《きよじょ》と申し侍《はべ》るなり」「長い名前だな、明日にでも短くして呼び名を決めよう」

覚えておきたい

「垂乳根《たらちね》」

母親を指す。母親が鶴の夢を見たときに身ごもったので、幼い頃の名前は「鶴女」、現在は「清女」というのが名前。八五郎は、その言葉が全て名前と勘違い。その後も清女の文語体トークは続く。

主な登場人物

- 八五郎
- 清女（新妻）
- 大家

旦那が早逝する理由

短命《たんめい》

STORY

伊勢屋の婿養子がまた死んだ。これで3人目の婿だ。事情を話しに来た八五郎に、ご隠居が死んだ原因を言い当てる。伊勢屋の娘は器量よし。婿番頭は仕事ができるので、婿と2人きりの時間はたっぷりある。「だから短命だ」という。することもなく、2人で手と手を合わせているうちに、「アレが過ぎるんだ」。理解した八五郎、家に帰り女房に茶碗を手渡ししてもらう。手と手が触れて、女房の顔をじっと見た。「ああ、俺は長命だ」

覚えておきたい

「短命《たんめい》」と「長命《ちょうめい》」

伊勢屋の娘は美人なので、することが過ぎてしまって、旦那が次々と早死にしてしまう。八五郎も女房で確めてみるが、とてもそんなことにはなりそうにない。だから「長命だ」とため息。

主な登場人物

- 八五郎
- ご隠居
- 女房

正反対の性格の2人

長短《ちょうたん》

「柳家花緑のよく演る演目」
▼P.211参照

STORY

気の長い長さんと、気の短い短七《たんしち》。ある日、長さんが短七の家に遊びに来た。話は本題までが長く、菓子を食べればいつまでももぐもぐ、煙草を吸えば一連の動作があまりにも長い。短七はお手本にとすばやく煙草をふかすが、あまりせっかちで火玉が自分の袂《たもと》に入ってしまう。長さんはそれをなかなか言い出さず、短七の袂が焼けてしまった。「なんだって早く教えねぇんだ」「そうやって怒るからさ。だから教えねぇ方がよかった」

覚えておきたい

「火玉《ひだま》」

当時の煙草は、煙管《きせる》に煙草を詰めてから火をつけ、何度かふかしてからその吸殻である火玉を盆（灰皿）の中にはたき落とす。短七は「俺なんか急ぐときは火をつけねぇうちにはたいちまう」

主な登場人物

- 長さん
- 短七

台湾名物の珍味とは

ちりとてちん

STORY

旦那の元に出入りする職人2人。ひとりの金さんは愛想がいいが、もうひとりの六さんは、口が悪いうえに知ったかぶりをする男。ある日旦那は、いたずら心から六さんを呼び、腐った豆腐に唐辛子を混ぜて出す。「これは台湾名物・ちりとてちんという食べ物だ」。もちろん知っていると答えた六さん。食べ方の手本を見せてほしいと言われて無理やり口に運び……。「どんな味だい？」「豆腐の腐ったような味がいたします」

覚えておきたい

「ちりとてちん」

類似したものに『酢豆腐《すどうふ》』という噺がある。人物設定にちがいがあり、だまされるのは嫌味な若旦那。同じく腐った豆腐を食べさせられるが、苦し紛れに若旦那が名づけた名前が「酢豆腐」。

主な登場人物

- 旦那
- 金さん
- 六さん

つるの名前の由来とは

つる

「柳家花緑のよく演る演目」P.211参照

STORY

八五郎が物知りのご隠居に聞いた。「鶴の名はどうして鶴なんです?」。知らないと言えないご隠居、「昔は鶴を首長鳥《くびながどり》と呼んでいた。あるとき、海辺の松にオスの首長鳥がツーッと飛んで来てとまった。その後、メスがルーッと飛んで来た。それでツル、だ」とでたらめを言う。早速八五郎は友人に知識をひけらかす。「オスの鶴がツーと飛んできて松にルッととまった。後からメスが……」「何と飛んできた?」「……黙って飛んできた」

覚えておきたい

知ったかぶりのご隠居

知らないことを知らないと言えない、典型的な落語の登場人物。だまされたと知らず、その知識を友人に披露する八五郎だが、さらにそれを言い間違えるという、こちらも典型的な筋書き。

主な登場人物
- 八五郎
- ご隠居
- 友人

人の夢の内容が気になる

天狗《てんぐ》裁《さば》き

「柳家花緑のよく演る演目」P.214参照

STORY

昼寝中の八五郎、ぶつぶつ寝言を言ったり笑ったりと忙しい。女房が起こして、どんな夢を見ていたのかと尋ねるが、八五郎は夢を見ていないという。女房は自分に言えないような夢なのかと怒り、夫婦喧嘩に発展。隣家《りんか》の男、大家と仲裁に来るが、やはり八五郎が見た夢が気になり、こちらも大喧嘩に。奉行所の奉行も気になり、天狗も気になる八五郎の夢。最後には天狗に八つ裂きにされそうになったところ……目が覚めた。

覚えておきたい

「天狗《てんぐ》」

伝説上の生き物。一般的に、山伏の服装で赤ら顔、鼻が高い。翼で空中を飛翔し、超常的な力を使いこなす。天狗の夢にうなされていた八五郎。目覚めると女房が聞く。「どんな夢見たの?」

主な登場人物
- 八五郎
- 女房
- 奉行
- 天狗

転失気《てんしき》

私はてんしき道楽で……

STORY

体調を崩した寺の住職、医者から「テンシキ」はあるかと聞かれ、ないと答える。言葉の意味を知らないと言えなかった住職、小坊主に聞いてこさせようと近所でテンシキを借りてくるように言う。近所の人も知らず、医者本人に聞いておならのことだとわかったが、小坊主は住職を「盃《さかずき》のことです」とだます。和尚は医師に盃を見せ、やっとだまされたと気づくが「酒を飲んで盃を重ねるうちにブウブウ文句を言うやつがいる」と言い訳。

覚えておきたい

「テンシキ」

医師によると「転失気」、つまり放屁のことだという。オチは、おならの音と、文句を言う「ブウブウ」という表現を掛けている。「盃であまりいただくとブウブウが出ます」というオチも。

主な登場人物

- 住職
- 医者
- 小坊主

道灌《どうかん》

粋な言い回しのはずが……

STORY

ご隠居を訪ねた八五郎。太田道灌の話になった。にわか雨に降られた道灌が、傘を借りようと一軒の家を訪ねたとき。そこの女性が山吹の枝を差し出して歌を詠み、貸す傘がないことを伝えた。道灌は意味がわからず、家来が解説して納得し、「余はまだ歌道に暗い」。八五郎、早速提灯を借りに来た友人で試す。「……ええと、山伏《やまぶし》の、味噌《みそ》四斗樽《しとだる》と鍋と釜敷き」「なんだ都々逸《どどいつ》か」「おめぇも歌道に暗《くれ》ぇな」「暗いから提灯借りに来た」

覚えておきたい

「都々逸《どどいつ》」

都々逸とは幕末に庶民の間で流行した定型詩。主に恋愛を扱う軽い内容。道灌のエピソードは「七重《ななえ》八重《やえ》 花は咲けども山吹の 実のひとつだになきぞかなしき」という古歌。実がならない山吹と、「蓑ひとつ」ない貧しさを掛けた。

主な登場人物

- 八五郎
- ご隠居
- 友人

今、何刻《なんどき》だい？

時《とき》そば

STORY

冬の夜更け、屋台のそば屋に来た口達者なお客。そばの味から丼に至るまでほめちぎる。支払いに移ると、店主に一文ずつ渡していき、「一《ひい》、二《ふう》、三《みい》……七《なな》、八《やー》、何刻だい？」「九《ここの》つで」「十、十一……」と、支払いを一文ごまかして行ってしまった。物陰でそれを見ていた男、自分もやってみようと張り切る。次の夜、まずいそばをほめちぎりながら無理やり食べ終え、「一、二、三……七、八、何刻だい？」「四《よ》つで」「五《いつ》、六《むー》、七《なな》、八《やー》、……」

覚えておきたい

「何刻《なんどき》だい？」

江戸の時間の数え方は今と異なる（P.178参照）。最初の男は午前0時頃にそばを食べたので「九つ」。後の男は午後10時頃に食べたので「四つ」となり、勘定をごまかすもくろみが外れた。

主な登場人物
- 口達者な男
- それを真似する男
- そば屋

新しい発想で名役者に

中村仲蔵《なかむらなかぞう》

「柳家花緑のよく演る演目」
▼P.217参照

STORY

歌舞伎役者の中村仲蔵は、名門の血筋ではない。そのためか、芝居『仮名手本忠臣蔵《かなでほんちゅうしんぐら》』で任されたのは、斧定九郎《おのさだくろう》という端役のみ。仲蔵は、それなら定九郎を全く新しい役に作り直そうと工夫を試みる。そんなとき、雨宿り先のそば屋で見た浪人風の武士。古い黒紋付《くろもんつき》を肩まで腕まくりし、伸びた月代《さかやき》から水が滴る。これだ！と閃《ひらめ》いた仲蔵、全く新しい演出で定九郎を演じ、評判を呼ぶ。初代中村仲蔵の実話を基にした出世噺。

覚えておきたい

役者の階級制度

最下級の「稲荷町《いなりまち》」から、「中通り《ちゅうどお》」「相中《あいちゅう》」、そして真打ちにあたる「名題《なだい》」と数える。役者の階級制度は厳しく、稲荷町は一生稲荷町が当たり前。そんな中で、仲蔵は稲荷町から始め、名題まで上り詰めた才能の持ち主だった。

主な登場人物
- 中村仲蔵
- 四代目市川團十郎
- 浪人風の侍

長屋《ながや》の花見《はなみ》

長屋にいいことがあるよ

STORY

ひどい貧乏長屋のお話。大家の提案により、景気づけに一同で花見に行くことになった。といっても、一升瓶に入った酒は番茶を水で割ったものだし、かまぼこは大根漬けの輪切り、玉子焼きはたくあん。毛《もう》せん（毛の敷物）の代わりにむしろを敷き、お茶を飲んで盛り上がる。大家の命令で酔った演技までし始めたひとりが、注いでもらったお茶をしげしげと見て、「近々長屋にいいことがあるよ」「どうしてだい？」「酒柱《さかばしら》が立ったから」

覚えておきたい

「酒柱が立つ」

お茶を注いだとき、茶葉の短い茎が縦に浮かぶのを「茶《ちゃ》柱《ばしら》」といって縁起がよいものとされる。お酒には立つはずはないが、これを「酒柱」と文字った。

主な登場人物

- 長屋の住人たち
- 大家

二階《にかい》ぞめき

吉原《よしわら》好きが高じて……

▼「柳家花緑のよく演る演目」P.215参照

STORY

毎夜吉原に通う若旦那。番頭が苦言を呈したところ、女が好きというより「ぞめき」「ひやかし」がやめられないという。それではと番頭、家の二階に吉原に似せた建物を作ってしまった。若旦那は早速着物を着換え、一人芝居を繰り広げて大騒ぎ。大旦那は二階の騒ぎに辟易し、小僧の定吉《さだきち》に様子を見に行かせる。「何をやっているんです、若旦那！」。すっかり吉原にいる気分の若旦那、「ここで会ったことはおやじには内緒にしてくれ」

覚えておきたい

「ぞめき」「ひやかし」

店の窓際に遊女が並んで客に顔を見せる「張見世《はりみせ》」を覗いて歩くだけのことを、「ひやかす」「ぞめく」という。遊女を買うことはせず、その華やかな雰囲気に味わいに行くだけの若者も多かったとか。

主な登場人物

- 若旦那
- 大旦那
- 番頭
- 小僧（定吉）

小僧が泣いていた理由

寝床《ねどこ》

STORY

旦那の義太夫《ぎだゆう》は下手で声も悪く、聴くと体調が悪くなるほど。ある夜、義太夫の会を催すため、長屋の店子《たなこ》を招待するが、様々な理由で断られる。旦那は怒り出し、それなら長屋から出て行ってもらうと宣言。これはたいへんと、断った全員が顔をそろえた。会は夜更けに及び、旦那が気づくと起きているのは泣いている小僧のみ。感動したのかと思いきや、旦那が義太夫を語っていた床を指し、「あそこが私の寝床でございます」

覚えておきたい

「義太夫《ぎだゆう》」

江戸時代前期に、竹本義太夫が始めた浄瑠璃の一種。三味線を弾きながら、軍記物（戦の武勇伝）や世話物（義理・人情・恋愛などを主題とした物語）などを語り上げる。江戸のお稽古ごととしても人気があった。

主な登場人物

● 旦那 ● 長屋の住人
● 店の奉公人 ● 小僧

どっちが子ども!?

初天神《はつてんじん》

STORY

初天神に行こうと支度をする熊五郎。子どもの金坊がついて行くと駄々をこね、仕方なく「何も買わない」という約束で出かける。途中まで何もねだらなかった金坊だが、案の定「今日はいい子だったから何か買ってくれ」と言い出す。仕方なくあめ玉、団子と買い与え、最後には凧まで。親子で凧を揚げるが、今度は父親が夢中になり、子どもはそっちのけ。金坊「あーあ、こんなことならおとっつぁんを連れて来るんじゃなかった」

覚えておきたい

「初天神」

年明け最初の天神様の縁日のこと。旧暦1月25日。天神様の参道には露店が立ち並ぶ。金坊が買ってもらったあめ玉をうっかり落としてしまって（ただしお腹の中に）、オチとなる場合も。

主な登場人物

● 熊五郎 ● 金坊
● 女房

夫の幽霊が現れた

不動坊《ふどうぼう》

「柳家花緑のよく演る演目」
▼P.213参照

STORY

講釈師《こうしゃくし》の不動坊が旅先で急死した。多額の借金があったので、それを肩代わりする条件で、女房のお滝は、同じ長屋の吉兵衛《きちべえ》と祝言《しゅうげん》を上げることになった。面白くないのは長屋の独身の3人の男。示し合わせて初夜の屋根裏に忍び込み、不動坊の幽霊を演じることになる。勝手口にぶら下がった幽霊だが、吉兵衛に借金の肩代わりもしたとやり込められる。「まだ宙に迷っているのか」「いいえ、この通り、宙にぶら下がっております」

覚えておきたい

「祝言《しゅうげん》」

この時代の結婚は、式などはなくいきなり同居して結婚生活が始まる。お滝はまだ若くて魅力的。中盤で吉兵衛が湯屋に行き、その夜の女房とのやりとりを空想して浮かれる場面も面白い。

主な登場人物

- 吉兵衛
- お滝
- 3人の男
- 幽霊役の噺家

船頭が船頭を雇う

船徳《ふなとく》

STORY

道楽のため勘当された若旦那の徳兵衛《とくべえ》。なじみの船宿《ふなやど》に居候している。船頭になりたいと言い出すが、とても無理だと親方に止められた。しかし、ある日は四万六千日《しまんろくせんにち》の縁日で、船宿は大繁盛。ほかの船頭は出払ってしまい、徳兵衛が舟を出すことに。いざ漕ぎ出すと、トラブルの連続。とうとう川の中で立ち往生してしまう。浅瀬で舟を降り、歩いて岸に向かうお客が「大丈夫かい？」「上がりましたら、船頭ひとり雇ってください」

覚えておきたい

「四万六千日《しまんろくせんにち》の縁日」

浅草寺の観音様の縁日で、旧暦7月10日。この日に参詣すると、四万六千日参詣したのと同じだけのご利益があるとされ、大勢が詰めかけた。暑い盛り、川伝いに浅草に行こうとする人は多かった。

主な登場人物

- 徳兵衛
- 船宿のお客
- 船宿の親方
- 船頭

父親を思う娘心

文七元結《ぶんしちもっとい》

STORY

左官《さかん》職人の長兵衛《ちょうべえ》は、博打《ばくち》に凝って身を持ち崩した。師走、吉原《よしわら》からの使いで長兵衛が行くと、見世《みせ》の女将《おかみ》が、父親の更生のため、娘のお久《ひさ》が自ら身売りを申し出てきたと語る。女将は長兵衛を諭し、来年の年末までを期限に五十両を貸した。それまでお久は預かるが、客は取らせない。ただ、一日でも返済が遅れたら容赦しないという。長兵衛は涙を流し、改心を誓った。

しかしその帰り、川に身投げしようとしている若者に会う。店の五十両をすられてしまい、死んで詫びるつもりという若者に、長兵衛は五十両を押し付けて立ち去る。

その若者はべっ甲問屋の手代の文七《ぶんしち》だった。事情を聞いた主人が、お久を探し出して身請《みう》けをし、家に帰して一件落着。後に文七とお久は夫婦となり、元結《もっとい》(髷《まげ》を結うひも)の店を出して繁盛させた。

主な登場人物

● 長兵衛 ● お久
● 文七 ● 文七の主人

怖いものは食べてしまおう

まんじゅう怖《こわ》い

STORY

若者が集まって、自分の怖いものについて話している。松っつあんは、実は饅頭《まんじゅう》が怖いという。思い出すだけで動悸がすると、隣りの部屋で寝てしまった。残った面々は、普段から嫌なやつだからもっと怖がらせようと、饅頭を枕元に積み上げる。ところが松っつあん、「あっ助けて! 饅頭怖いよー!」と言いながら、手当たり次第に食べてしまった。だまされたと知った一同、「本当に怖いものはなんだ」「今度は苦いお茶が一杯怖い」

覚えておきたい

落語の定番

『寿限無《じゅげむ》』『目黒のさんま』などに並んで、よく知られる落語。上方版では、若者の雑談から老人の若い頃の怪談噺などをはさみ、最後に饅頭が怖い男が出てくるという噺で、30分以上かかる大ネタ。

主な登場人物

● 松っつあん
● 友人たち

宮戸川《みやとがわ》

若い2人の恋の始まり

STORY

将棋好きな若旦那・半七《はんしち》。毎晩帰りが遅く、家から締め出しをくう。ある夜、向かいの娘・お花も締め出されていた。かるた遊びで門限を超えたとか。おじの家に泊めてもらうという半七に、お花もついて行った。早飲み込みのおじ、勘違いして2人を一緒の部屋に泊めてしまう。部屋には一組の布団しかなく、最初は背中合わせに寝ていた2人だが、雷の音に驚いたお花が半七に抱きついて……。その後、2人はめでたく夫婦になる。

覚えておきたい

「宮戸川《みやとがわ》」の意味

上記でサゲることがほとんどだが、本来はこれに後日譚《だん》がある。ある日お花が暴漢に襲われて命を落とし、半七が隅田川(古い呼び方で宮戸川)の上で仇討ちをする。ただ、その仇討ちは夢だったというところでオチ。

主な登場人物

- 半七
- お花
- おじ
- おば

目黒《めぐろ》のさんま

さんまは目黒に限る

「柳家花緑のよく演る演目」▼P.213参照

STORY

江戸のはずれ、目黒に出かけた殿様。弁当の用意がなく、近くの農家で焼かれていたさんまを食べる。下魚《げざかな》であるさんまはもちろん、焼きたての魚を食べるのも初体験の殿様は、そのおいしさに感動。ある大名の宴会の席で、好みの食べ物をとの申し出に、迷いなくさんまと答える。しかし出てきたのは、脂を抜かれてつくねにされたさんま。日本橋の魚河岸《うおがし》から取り寄せたという。悲しげな殿様は、「さんまは目黒に限る」

覚えておきたい

「下魚《げざかな》さんま」

当時さんまは下魚と呼ばれ、庶民の食べ物とされていた。また、脂が強いので殿様の体にさわってはと気遣われた。旬の脂がのったさんまは、上流だからこそ食べられない秋の味覚だった。

主な登場人物

- 殿様
- 家来

湯屋番《ゆやばん》

番台での一人芝居

STORY

道楽で勘当された若旦那。居候《いそうろう》先から奉公を勧められて湯屋（銭湯）へ行く。早速、主人に番台に座らせてくれるように頼み込んだ。ところがお目当ての女湯は空っぽ。若旦那は勝手な妄想を始める。いい女の客がきて自分にほれる。休日に女の家の前を通りかかると招き入れられて……と、想像は膨らみ、一人芝居が始まった。男湯の客は妙な男がいると番台を見物。そのうち、ひとりが「俺の下駄がなくなった」と文句を言うが……。

覚えておきたい

「湯屋《ゆや》の番台《ばんだい》」

番台は本来忙しい。履物や脱衣場の着物に間違いがないように目を配り、湯銭《ゆぜに》（入浴料）のやりとりもある。最後は下駄がないという客に若旦那、「そっちのを履いていきなさい」「順にはいて、最後ははだしで帰します」

主な登場人物

- 若旦那
- 湯屋の主人
- 男湯の客

らくだ

長屋のブラックユーモア

STORY

長屋の乱暴者・らくだが死んだ。兄貴分が来て、くず屋にらくだの持ち物を売り、葬儀代にしようとするが一銭にもならない。兄貴分は、くず屋にらくだの死体を操らせてカンカンノウを踊らせ、大家を脅して酒をせしめる。酒を飲んだくず屋は、肝が据わって兄貴分と形勢逆転。兄貴分に命令して桶に死体を入れ、焼き場に行く。しかし途中で桶の底が抜け、らくだは行方不明。道で倒れていた酔った坊主とらくだを間違えて……。

覚えておきたい

「カンカンノウ」

江戸から明治期に、庶民に流行した歌と踊り。元は中国の九連環《きゅうれんかん》という曲の替え歌。「かんかんのう きうれんす きゅうはきゅうれんす……」という歌詞に意味は特になく、語呂の響きを楽しんだ。

主な登場人物

- くず屋
- らくだ
- 兄貴分
- 大家

解説

柳家花緑のよく演《や》る演目

花緑師匠がよく演じる落語の演目について、ご自身の言葉で語ってもらった。実際に高座でも聴いてみたくなるはず。

執筆／柳家花緑

01 つる

この噺は、私が二ツ目の頃に入船亭扇橋《いりふねていせんきょう》師匠より教わり、師匠小《こ》さんが聞いて直してくれたという、私にとってたいへん珍しい噺です。元々は主役の八五郎がご隠居から教わった話を友だちの家に話しに行くという場面。それを小さんは、最初は床屋（髪結床）で若い連中がワイワイと話をしていたんだから床屋へまた行くべきだと言い、床屋で親方やお客につるの由来を聞かせる形になりました。話の内容はさして変わりませんが、昔から人の集まる場所は「床屋」と「銭湯」と決まっていたので、八五郎が床屋へ行く流れは自然だと思って演っています。

→あらすじはP.202

02 長短《ちょうたん》

師匠小さんの十八番でした。30年くらい前、寄席の楽屋で小三治《こさんじ》師匠とさん喬《きょう》師匠が話していたことがあります。「師匠の演る〝長短〟は芸になっている。俺たちのは、まだまだそこまでは行ってない」。一瞬耳を疑いました。その当時から今と変わらぬ実力者である両師匠がそう話していて、前座でまだこの噺を演っていなかった自分は、「〝長短〟ってそんなに難しい噺なんだ」と思ったのが忘れられません。登場人物は気の短い人と気の長い人の2人で、この落語にしか登場しない人物です。この2人の人物をそれらしく演じるのがなかなか難しいのです。

↓あらすじはP.201

03 紺屋高尾《こうやたかお》

立川談春《たてかわだんしゅん》師匠より教わりました。つまり談志《だんし》師匠のお作りになった形です。人情噺《にんじょうばなし》です。今でも大好きな噺で大事に演じていますが、45分ある噺なので、寄席では主任《トリ》でも時間が足りなくてなかなか演じられません。最近は35分に縮めて寄席で演っています。吉原《よしわら》の太夫《たゆう》というトップの花魁《おいらん》に藍染屋《あいぞめや》の若い職人・久蔵《きゅうぞう》がほれて、まさかの夫婦になるという男版シンデレラストーリー。久蔵が高尾太夫《たかおだゆう》に正直に身の上話をするところ、つまり告白をするところがこの噺のいい場面かな。

↓あらすじはP.194

04 愛宕山《あたごやま》

古今亭《ここんてい》志《し》ん朝《ちょう》師匠より教わった思い出深い一席です。師匠はお芝居もお好きで、舞台にも数多く出演されていました。そんな演劇を思わせる立体的な演出がなされていて、落語本来の上下《かみしも》を切って会話をするだけではなく、横に斜めに、そして旦那の前にと、幇間《たいこ》持《も》ちの一八《いっぱち》が上手から下手へ通り抜ける。それを自然な感じに演じている。仕草の多いこの噺にはぴったりな演出で、私は二ツ目のときに教えていただき、自分でも工夫を入れながらチャレンジを重ねている噺です。

↓あらすじはP.189

05 不動坊《ふどうぼう》

師匠小さんの噺を基礎に、20代の頃から度々演じていますが、やはり「愛宕山《あたごやま》」同様に仕草の多い噺です。3人の独身男が嫉妬にかられて長屋の屋根から天窓を開けて、ぶら下がって幽霊の姿になって驚かそうというドタバタな噺。屋根の上で火の玉を作ろうとマッチでアルコールに火をつけようとするが、間違えて〝あんころ〟(餅)を買って来てしまい火がつかない。それをとがめる男と必死に説明してわかってもらおうとする男のやりとりのバカバカしさに、彼らの本音が見えるところが面白い。

↓あらすじはP.207

06 目黒のさんま

お殿様が主人公の噺。私は誰にも教わっていなくて、最初から自分が考えたお殿様のキャラクターで、かなり滑稽に仕上げております。いわゆる〝バカ殿〟を思わせるお殿様が私にとってのリアリティ。やはり子どもの頃から志村けんさんをテレビで見ていたせいでしょうか、身近にいるお殿様といえば〝バカ殿〟だったのです。そのお殿様が人生で初めてさんまを食べたという噺で、旬のさんまのおいしさをお伝えする秋の定番落語!

↓あらすじはP.209

07 刀屋(おせつ徳三郎《とくさぶろう》・下)

師匠小さんの演じたこの噺を、後半は完全に自分でアレンジを加え、そしてオチまで変更しております。徳三郎という若い男。奉公先のお嬢様と恋仲になり、身分ちがいだと店を追い出された。そのお嬢様がほかの男と夫婦になると聞いて、婚礼の席に暴れ込み殺害を企てようと刀屋へ駆け込んだが、刀屋の亭主が自分も3年前に勘当した倅《せがれ》がいると言って、刀を買わぬようにたしなめられて断念する。すると表で「迷子や〜い」と人の声。追いかけてみると両国橋に婚礼の席から逃げ出して来たお嬢様。心中をしようと橋から身を投げて……と、ここでオチがついて本来は終わるのですが、2人は橋の下を通り掛かった舟に落ちて命が助かる。船頭はたまたま勘当された刀屋の倅。2人は夫婦になり、「刀屋さんのおかげで2人は元の鞘《さや》へ収まりました」とオチをつけました。

↓あらすじはP.192

08 天《てん》狗《ぐ》裁《さば》き

上方落語の人間国宝だった、桂米朝《かつらべいちょう》師匠よりお稽古をつけていただいた噺。兵庫県・武庫之荘《むこのそう》の師匠のご自宅へお邪魔をし、稽古をつけていただきました。間に入っていただいた息子さんの米團治《よねだんじ》師匠にも同席いただき、お稽古が始まりましたが、師匠は小机を前に紙を置き、鉛筆を手に取り私の噺をジーッと聞いてくださっていました。しかし、途中で鉛筆を机に置いてしまい、二度と取りません。終わって一言「オチはゆっくりと言いなさい」とだけアドバイスをいただきました。そして、「後は、好きにやりなはれ」。これは私の噺が直すところがないほど、うまくやってい た……のではなくて、私が自分のアレンジをきかせ過ぎて師匠は直しようがなかったんです。関西弁を標準語に直して演じているので、その時点で既に〝花緑節〟のように自分の色をつけ過ぎてしまった。その後、米團治師匠に伺ったところ、師匠は一言一句〝そのまま〟演らないと怒る、とのこと。全然知りませんでした。天国の米朝師匠! ごめんなさい。

↓あらすじはP.202

09 竹の水仙

一門の先輩である、柳亭市馬《りゅうていいちば》師匠より教わりました。浪曲師《ろうきょくし》、故・京山幸枝若《きょうやまこうしわか》師匠をリスペクトしている市馬師匠ならではの噺。伝説の彫刻職人、左甚《ひだりじん》五郎《ごろう》の噺で、ある宿屋に10日間も泊まり続け、金が払えず竹を彫って作った水仙の花を拵《こしら》え、それが売れたらそこから宿賃を払うことに。正体を明かさない甚五郎と人の良い宿屋の主人との掛け合いが、とても面白いところ。そして、名人・左甚五郎と知ったときの周りの驚きようも面白い。飄々と生きる甚五郎に魅力を感じて演じております。

↓あらすじはP.199

10 二階ぞめき

この噺は、自分で先輩の噺を聞いて覚えました。古くは、夏目漱石もその実力を認めた3代目柳家小さんが得意とし、その後、名人・古今亭志《ここんていし》ん生《しょう》師匠が大きく開花させ、立川談志師匠、そして今ではそのお弟子さんに受け継がれている噺です。若旦那が主人公の噺となると、〝落語界の若旦那〟と言われている私(!?)花緑が専売特許のように演らせていただいておりますが、この主人公も吉原《よしわら》好きの若旦那。この噺の面白さは、若旦那が家の二階に吉原の建物を作らせてしまい、その中で「ぞめき」=「ひやかし」をするのが好きで、妄想にふけりながら遊んでいるところ。いわゆる〝オタク〟の匂いのする感じが、現代のディズニーランド好きや秋葉原のアニメ好きの気持ちにも似ていると思い、心は現代のお話のつもりで演っております。

↓あらすじはP.205

11 蜘《く》蛛《も》駕《か》籠《ご》

師匠小さんの得意噺。稽古をつけてもらってはおりませんが、師匠の噺を元に自分で覚えました。駕籠は今でいうタクシーです。お客待ちをしている駕籠屋さんは日々、いろんな人々とふれ合っていることがわかります。そんな駕籠屋さんのひとりはベテランで、もうひとりは新米。茶屋の亭主、お侍、酔っ払い、陽気な町人、旅の2人連れなどに次々と出逢い、たいへんな仕事なんだなぁというのがわかる愉《たの》しい噺です。全編演ると25分くらい。縮めると10分くらいになるので、寄席などでも演らせていただいています。

↓あらすじはP.194

12 笠碁《かさご》

この落語は師匠小さんの十八番。碁好きなお年寄り2人が、碁を打ちながら「待った」「待てない」で喧嘩になる。その喧嘩の後、互いが仲直りがしたくて、ひとりは家で不機嫌にただひたすらに待っている。ひとりは雨の降る中、菅笠《すげがさ》をかぶって友達に会いに行く。その心の内を演じるのがこの噺の肝で、男同士がウジウジしながらも互いに寄って行くところが面白い。小さんが演じると雨のシトシト降る中、退屈そうにしている2人の男がくっきりと目の前に浮かんで見える噺。

↓あらすじはP.191

13 試《ため》し酒《ざけ》

これも師匠小さんの十八番です。この噺は、いわゆる〝酔っぱらい噺〟というもので、私はお酒が呑《の》めませんが、だからこそ演じていて愉しい噺です。普段できないことをこの噺の中で演じているからです。旦那様とお客様が、五升のお酒を奉公人の久蔵《きゅうぞう》さんが呑めるかどうか、賭けをする噺。そして久蔵さんが一升ずつおいしそうに呑んで酔って行く姿が見どころです。お酒の噺は、実際に呑める人より、むしろ呑めない人の方が表現がうまいと言われております。普段、酔っ払いを観察しているからでしょうか。でも呑む人に言わせれば、呑まない人は酔っ払いの了見《りょうけん》まではわからないとしており、どちらが正解かはわかりません。ほかに定番の噺として『親子酒』という酔っ払い噺がありますが、これも好きな噺です。

↓あらすじはP.199

14 井戸の茶碗

この噺は、元々は落語ではなく講釈の演目と聞いております。古今亭志ん生師匠が得意にしていた噺。私も先輩方をリスペクトして演らせていただいております。正直者の屑屋《くずや》さんに正直者のお侍さんが2人。3人の正直者が顔を合わせると素敵なお話になる。落語はだらしない人や乱暴者、親不孝者も多く出てくるが、この噺は善人ばかりが登場する。先日、私のこの噺を袖で聞いてくださった桂文珍《かつらぶんちん》師匠が一言、「落語ってこんな噺ばかりだと思われると困るなぁ」と（笑）。

↓あらすじはP.189

15 中村仲蔵《なかむらなかぞう》

歌舞伎役者の物語で、初代・中村仲蔵の出世話です。名代《なだい》に成り立ての仲蔵が、忠臣蔵《ちゅうしんぐら》・五段目の斧定九郎《おのさだくろう》役をあてがわれ、このパッとしない地味な役を自身の工夫で花のある良い役へと生まれ変わらせるという、感動的なエピソード。歌舞伎入門としてたくさんの解説を入れて1時間くらいでやる演じ方もありますが、私は40分くらいに縮め、夫婦の話題を軸に演じております。5代目三遊亭圓楽《さんゆうていえんらく》師匠のご一門、三遊亭竜楽《りゅうらく》師匠より教わりました。オチは花緑オリジナルにして、「三遊亭」の芸に「柳家」のオチをつけた形に。つまり、「人情噺《にんじょうばなし》」にクスッと笑える「滑稽噺《こっけいばなし》」の要素を入れたオチにしました。

↓あらすじはP.204

もっと落語家がよくわかる

落語家用語辞典

落語の用語あれこれ。知らない言葉にぶつかったら調べてみよう。

アニさん［あにさん］
兄弟子を呼ぶときに使う名称。よその師匠の弟子でも、自分より入門が早ければそう呼ぶ。

一番太鼓［いちばんだいこ］
寄席で開場の際にたたく太鼓。「ドンドン、ドントコイ、ドントコイ（どんと来い）」と聞こえるようにたたく。縁起担ぎで、お客さんがどんどん来るようにという意味合い。そのほか、二番太鼓、追い出し太鼓がある。

色物［いろもの］
寄席で観られる落語家以外の芸人。漫才や奇術、紙切り、太神楽《だいかぐら》、ギター漫談や三味線漫談など、多彩な芸がある。マネキ（看板）などに朱色で名前が書かれることから、そう呼ばれるようになった。東京で寄席に出演している芸人は、基本的に落語協会か落語芸術協会に所属している。

後ろ幕［うしろまく］
真打ち昇進や襲名に伴う披露興行の際に、高座の背後に張る幕。ひいきのお客から贈られる場合が多い。

演目［えんもく］
落語の題名。演題ともいう。

追い出し太鼓［おいだしだいこ］
寄席で終演のときにたたく太鼓。「デテケデテケ（出てけ）」「テンデンバラバラ、テンデンバラバラ（お客がバラバラに帰るので）」、客席がいなくなったら、太鼓の縁をたたいて「カラ、カラ、カラ（空）」と打つ。そのほか、一番太鼓、二番太鼓がある。

大喜利［おおぎり］
寄席の興行の最後に落語家が演じる、余興としての舞台のこと。なぞかけや踊りなどが披露されることが多い。

オチ［おち］
落語の最後のセリフ。「サゲ」とも。

お囃さん［おはやしさん］
芸人が高座に上がるときの出囃子を三味線で演奏する人。

親子会［おやこかい］
師匠と弟子の落語会のこと。実際に血のつながりはないが、師匠と弟子を親子の関係に見立てたことから。そのほか、兄弟弟子を交えて一門が出演する「一門会」もある。

顔付け［かおづけ］
興行の出演者とその出番を決めること。また、その決まった演者のこと。

顔見世興行［かおみせこうぎょう］
正月などに、お客へのごあいさつを兼ねて、通常より多くの演者が出演する興行。

上方落語［かみがたらくご］
大阪を中心とする関西方面で演じられる落語のこと。また、関西発祥の演目のこと。東京を中心とする落語を「江戸落語」と呼ぶこともある。

上下を切る［かみしもをきる］
噺に出てくる登場人物を、顔を左右に振ることによって演じ分ける方法。高座に向かって右手を上手、左手を下手とする。目上の人物が話す場合は下手を、目下の人物は上手を向く。

上席［かみせき］
毎月1日から10日のこと。また、その10日間に行われる興行。そのほか、中席、下席がある。

木戸［きど］

寄席の入り口のこと。また、そこで支払う入場料のこと（木戸銭ともいう）。

クイツキ［くいつき］

仲入り後の最初の出番のこと。休憩時にお客がお弁当を食べることからそう呼ぶともいわれる。場を温め直す重要な役割で、若手の真打ちなどが登場する場合が多い。

見台［けんだい］

上方落語で落語家の前に置く小型の机のこと。小拍子や扇子を打ちつけて、場面の転換を図る。

高座［こうざ］

演芸が行われる舞台のこと。また、そこで芸を演じること。元々は、僧侶が説法をする際に座る一段高い席のことを指した。

高座返し［こうざがえし］

演者の舞台が終わった後、高座を片づけて、その次の出番のために準備をすること。落語と落語の間であれば、座布団を裏返し、メクリを返す。前座の役割。

高座が切れる［こうざがきれる］

高座で演じられていた演目が終わること。

古典落語［こてんらくご］

基本的に、明治期以前にできた落語。

小拍子［こびょうし］

上方落語で使う、小型の拍子木。見台をたたいて場面転換を表す。

サゲ［さげ］

落語の最後のセリフ。「オチ」とも。

シカ芝居［しかしばい］

噺家《はなしか》が歌舞伎の芝居などを演じるもの。昔は大劇場で盛大に行ったという。「噺家の芝居」で「シカ芝居」。

下席［しもせき］

毎月21日から30日のこと。また、その10日間に行われる興行。そのほか、上席、中席がある。

主任［しゅにん］

興行の最後に出演する芸人。その興行の目玉となる芸人で、持ち時間もほかの演者より長い場合が多い。「トリ」ともいう。

定席［じょうせき］

毎日のように興行が行われている寄席。都内では、「上野鈴本演芸場」「浅草演芸ホール」「新宿末廣亭」「池袋演芸場」の4軒。「国立演芸場」を加えることもある。

真打ち［しんうち］

落語家で一番上の階級。見習い、前座、二ツ目、真打ちと階級が上がっていく。真打ちになると、寄席で主任を務めることができるようになる。また、弟子を取ることもできる。

新作落語［しんさくらくご］

基本的に、大正期以降にできた落語。落語家自身や作家・演出家が新たに作った落語を指す。現在は、落語家自身が作って演じるスタイルが主流。

席亭［せきてい］

寄席の経営者。小屋主。

前座［ぜんざ］

落語家で一番下の階級。師匠に入門が許されると、まずは「見習い」になる。その後、名前をもらい、所属団体に登録されて初めて前座となる。興行では最初に演じて、客席を温める。プログラム表にも名前が載らない。一番太鼓や出囃子などの太鼓をたたき、楽屋の雑用もこなす。

前座噺［ぜんざばなし］

前座が披露を許された噺。落語の基本となる、シンプルで明快な噺が多い。オウム返しのやりとりを演じる

『道灌』や『子ほめ』、長いセリフを述べる『寿限無』、『たらちね』などが典型的。二ツ目以上が前座噺を演じることもある。

扇子［せんす］
落語で使う小道具のひとつ。落語家が使っているものを「高座扇《こうざせん》」という。箸や煙管《きせる》、刀など、いろいろなものに見立てて使われる。

代演［だいえん］
やむを得ず寄席に出られなくなった演者に代わり、別の演者が出演すること。代演情報は、各寄席に問い合わせれば教えてくれる。

立前座［たてぜんざ］
寄席の楽屋で働く前座のうち、最も芸歴の長い前座のこと。

地域寄席［ちいきよせ］
定席の寄席以外で、定期的に行われる寄席。そば屋や喫茶店などの場所を借りて行われる場合が多い。

手拭い［てぬぐい］
落語で使う小道具のひとつ。本や手紙、財布など、様々なものに見立てて使用される。

出囃子［でばやし］
芸人が高座に上がるときにかかる入場曲。二ツ目以上の芸人は、特定の曲が決まっている。

天狗連［てんぐれん］
素人の落語家たちのこと。

トリ［とり］
興行の最後に出演する芸人。「主任」と書くこともある。昔は、興行のギャラを主任が全て受け取り、ほかの芸人に配ったことからそう呼ぶという説もある。

ドロ［どろ］
噺の中で幽霊が出てくるときに入る太鼓の音。「ドロドロドロドロ」という音から。

仲入り［なかいり］
寄席の休憩時間のこと。

仲入り前［なかいりまえ］
休憩時間前の出番の芸人のこと。主任に次ぐ重要な出番。なかトリと呼ばれることもある。

中席［なかせき］
毎月11日から20日のこと。また、その10日間に行われる興行。そのほか、上席、下席がある。

二之席［にのせき］
1月11日から20日のこと。また、その期間に行われる興行。元旦から行われる「初席」に次いで客の入りがよく、重要視される。

二番太鼓［にばんだいこ］
寄席で開演5分前くらいにたたく太鼓。これから始まるという合図。「オタフクコイコイ（お多福来い来い）」と聞こえるようにたたく。そのほか、一番太鼓、追い出し太鼓がある。

ネタ［ねた］
演芸の名称。落語の場合はその演目。「根多」とも書く。

ネタおろし［ねたおろし］
新しく覚えたネタを、お客の前で初めて演じること。

ネタ帳［ねたちょう］
楽屋で、その日に演じられた演芸の名称を書く帳面。落語家は、前の出演者と噺や噺のテーマ、カラーなどがかぶらないように、ネタ帳を見て、自分のその日の演目を決める。

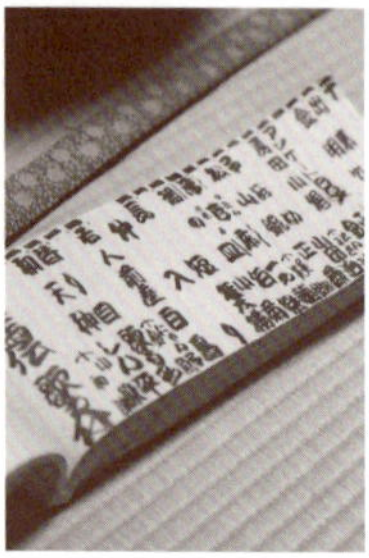

幟［のぼり］
芸人の名前が書いてある布。寄席の前に立てる。大体は、その興行の主

任の名前が書いてある。ひいきのお客が寄席や芸人に贈る。

化ける〔ばける〕
今までいまイチだった芸人の芸が、急に良くなること。

初席〔はつせき〕
元旦から1月10日。また、その期間に行われる興行。一年で一番客の入りがいい。そのほか「二之席」がある。

噺家〔はなしか〕
落語家。本来は、「落語家」より「噺家」という呼び方が一般的だった。

ハメモノ〔はめもの〕
上方落語で、お囃子の音をBGMとして噺の中で使うこと。

膝かくし〔ひざかくし〕
上方落語で使う、見台の前に置かれる小型の衝立。演者の膝元を隠し、衣服の乱れを見えなくさせる。屋外で演じられていた際の、高座を演出する名残りとも考えられている。

ヒザ〔ひざ〕
寄席で、主任の前に出演する芸人のこと。主任の舞台につなげる重要な役割で、色物が務める場合が多い。

昼席〔ひるせき〕
寄席において昼に行われる興行。12時頃から夕方まで、4時間ほどあることが多い。そのほか夜席がある。

二ツ目〔ふたつめ〕
落語家の階級で、前座の次にあたる。羽織や袴をつけられるようになる。また、落語会なども自由に開けるようになる。寄席のプログラムにも名前が載る。

フラ〔ふら〕
その落語家個人から自然とにじみ出てくる、独特の面白さのこと。

勉強会〔べんきょうかい〕
落語家がネタおろしをしたり、最近ほとんど演じなくなった噺を再び高座にかけたりする会。

ホール落語〔ほーるらくご〕
ホールで行われる落語会。寄席より落語家ひとりの持ち時間も多く、長い噺を聴くことができる。

招き看板〔まねきかんばん〕
寄席の木戸口に、主な出演者名を書いて掲げる看板。「マネキ」ともいう。

マクラ〔まくら〕
落語の導入部分。本編に入る前の話。マクラを長く取って、お客を楽しませる演者も多い。

メクリ〔めくり〕
高座で芸人の名前が書かれている紙。帳面のようなものに書かれていて、出番が変わるたびにめくるのでそう呼ばれる。めくるのは前座の役目。

余一の日〔よいちのひ〕
寄席で31日に行われる興行のこと。上席・中席・下席に組み込まれないため、特別興行が行われる。

寄席〔よせ〕
演芸が専門で行われている劇場。落語以外にも、講談や浪曲、漫才などの芸能が行われている劇場の総称。

夜席〔よるせき〕
寄席において夕方から夜にかけて行われる興行。16時前後から21時頃までが多い。そのほか昼席がある。

楽日〔らくび〕
興業の最後の日。千秋楽のこと。

割り〔わり〕
寄席に出た芸人がもらう出演料。お客の入りによって金額が変わる。

花緑の
噺家こぼればなし

07 落語ブームの先には？

今は落語が「選べる」時代

実は、落語は今が一番いい時代かもしれません。落語家の人数は東西合わせて800人に達し、志《し》ん朝《ちょう》、談志《だんし》、枝雀《しじゃく》、米《べい》朝《ちょう》ほか名人と言われる落語家のDVDなど、音源も出そろった感があります。いろいろな場所で落語が聴けて、新作から古典まで様々なジャンルの噺がある、たくさんの面白い落語家がいる。選択肢の幅がとても広いんです。

最近の落語は、キャラクターの明確な演じ分けと、ボケと突っ込みのようなエッジの立った言葉で編集されたものが多い。受け入れてくれる人も多いけど、昔ながらの落語ファンには、もしかして馴染めないかもしれません。でも例えば、昔ながらの古典落語が好きなファンが、渋くて古い喫茶店が好きだとしたら、最近の落語のファンは新しくてピカピカのカフェが好き、それでいいんじゃないかと思います。

そういった意味では、古典にも固執しなくて良いと思います。もしかして、今の新作落語が百年後、「平成の世では～」といって、古典として演じられている可能性もある。現在も桂文枝《かつらぶんし》師匠の新作をはじめ、本人だけでなくほかの落語家が演じ始めた噺はたくさんあります。江戸時代の風習が、将来的にもっと世間に馴染まなくなっていくと、残っていくのはやはり新作なのではと思うんです。

ただ、僕が新作落語をやるときに自分自身の定義があります。それは、噺の中の効果音も含めて、全部自分で演じるということ。風の音や犬の鳴き声、扉をたたく音……。演劇では音や光を入れたくなるようなシーンも、全て自分で演じる。

「落語」イコール、江戸時代の噺を演じること、ではありません。その噺の中に出てくる全ての要素をひとりで演じ切るという手法そのものが、落語の定義だと思っています。

八席目

落語家今昔

戦国時代にさかのぼる、落語の発祥の経緯から、知っておきたい昭和の名人まで。歴史を知れば、現代の落語＆落語家の系譜も見えてくる。

＼ 青藤師匠が解説 ／

落語と落語家の歴史

戦国時代に端を発し、江戸で成熟した落語の歴史を解説する。

発祥〜明治時代

藤太

師匠、つかぬことをお伺いしますが、僕たちが今やっている落語という芸能は、一体いつ生まれたんでしょうか。

青藤

そうだね。自分の生業《なりわい》とするものの歴史を知っておくのも、いい勉強になるかもしれない。早くは戦国時代に、武将が召し抱えた「御伽衆《おとぎしゅう》」と呼ばれる人々がいたとされているよ。気の利いたオチがある「小咄《こばなし》」をして、戦国大名に重宝されたんだ。ただ、「落語の祖」とされるのは、その後の安土桃山時代に現れた、安楽庵策伝《あんらくあんさくでん》というお坊さん。

藤太

お坊さんが落語家の祖なんですか？　意外ですね。

青藤

落語家の祖といっても、ふざけているだけの坊さん、というわけじゃないんだよ。策伝和尚は、当時の岡山や広島でいくつものお寺を興したスーパースターなんだ。いわゆる、やり手のお坊さんだったんだね。しかもこの人、説法がとてもうまかった。説法というのは、信者に話すありがたいお話なんだけど、相手が町人や農民だった場合、ありがたいだけではみんな話を聞いてくれない。

藤太

ためになる話は大体眠たくなるのが相場……。

戦国時代

御伽衆の時代

武田信玄や織田信長などの戦国大名は、世間の見聞を広めたり、教養を高めたりするために、語りが上手な「御伽衆」と呼ばれる人々を抱えていたといわれる。武芸者、学者、僧侶、茶人など、多様な人々がいたという。短い滑稽な内容に「オチ」がついた小咄と呼ばれるものも、形になったのは戦国時代頃とされる。

安土桃山時代

「落語の祖」の誕生

浄土宗の僧侶であった安楽庵策伝（1554〜1642）は、笑い話を集めた『醒睡笑《せいすいしょう》』を著した。自身も話し上手で、同時期に話の名手として知られた曽呂利新左衛門《そろりしんざえもん》と共に、豊臣秀吉の寵《ちょう》を得たともいわれる。『醒睡笑』の中には、『平林《ひらばやし》』『牛ほめ』『かぼちゃ屋』『子ほめ』など、今の噺の原型と見られるものが多くある。

青藤

藤太、まさか今あくびしかけたわけじゃないだろうね。

策伝和尚は笑い話が得意で、信者の心をグッとつかむ説法に長《た》けていた。著名な『醒酔笑《せいすいしょう》』は、説法集かつ、笑い話を集めたものなんだ。

藤太

なるほど！　断じてあくびはしていませんよ！

その説法集が、落語の噺の元祖、というわけですね。

青藤

落語のひとつ『平林《ひらばやし》』の元となった話も書かれているんだ。

策伝和尚も本名が平林というんだね。

でも実は、読むとそんなに面白くない。

やはり和尚の話し方が面白くて、聴衆の心をつかんだんじゃないかな。

その後、五、六十年後になると、京都や難波（大阪）、江戸の三都に、落語家の祖というべき人たちが現れた。

藤太

みんなで落語協会でも設立したんですか？

青藤

いやいや……（笑）。この3人は、特につながりはないんだ。

たまたま、同時期に別の地方で、同じようなことを始める人たちが現れたんだよ。

それまでの御伽衆や僧侶などとちがって、聴衆を相手に、お金を取って興行することを始めたんだ。

江戸時代前期

噺家の元祖

京都
露《つゆ》の五郎兵衛《ごろべえ》
「上方落語の祖」とされる。祇園や北野天満宮などで辻噺を行った。

難波
米沢彦八《よねざわひこはち》
「大阪落語の祖」。生玉《いくたま》神社境内で辻噺を行った。

江戸
鹿野武左衛門《しかのぶざえもん》
「江戸落語の祖」。諸家に招かれて噺をするほか、小屋を作って辻噺も行ったとされる。

「職業落語家」の誕生

上方と江戸でそれぞれ同時期に、落語家の祖というべき人々が現れた。1680年代、元は日蓮宗の僧侶だった露の五郎兵衛が、京都の北野天満宮などで行った辻噺《つじばなし》（寺社の境内や街頭で行う噺の興行）が評判を呼んだ。その後、難波では米沢彦八が辻噺を、江戸では鹿野武左衛門が諸家に招かれて話をし、人気を集めた。

藤太

職業落語家のはしりということですね！今でいう寄席も始まったということですか？

青藤

当時は、「辻噺《つじばなし》」といって、寺社の境内や街頭で行うことが多かったようだよ。江戸では小屋がけで行うものもあったというけれどね。

「寄席」の原型というものが現れたのは、もう少し時代の下った江戸時代後期。烏亭焉馬《うていえんば》という人が中心になって、「咄《はなし》の会」が盛んに催されたそうだ。

焉馬は「江戸落語中興の祖」とも呼ばれる人物で、元は大工の棟梁。劇作者・狂歌師としても活躍したという多才な人なんだ。

藤太

その人が発起人となって、落語会を開いた……。

青藤

その通り。「咄の会」では、100人余りのお客の前で、焉馬によって小咄の数々が披露されたというよ。

この会の出席者には、三笑亭可楽《さんしょうていからく》や三遊亭圓生《さんゆうていえんしょう》など、その後に落語の大家となる人物がたくさんいたんだ。

ちなみに、オチがある「落とし噺」を得意とした三笑亭可楽は、元はくし職人だったらしい。

最初は本業の傍ら、その日限りで小咄の会を開いていたのが、

江戸時代後期

粋興奇人伝（国立国会図書館蔵）

「寄席」の原型の誕生

烏亭焉馬《うていえんば》（1743～1822）が中心となって開催された「咄《はなし》の会」が、寄席の原型とされる。その後、江戸では寄席興行がさかんになって数々の名人が生まれ、風流を楽しむ場として庶民に愛された。オチのある「落とし噺」のほか、ストーリーのある長編人情噺なども演じられるようになっていく。

徐々にある程度の期間と場所を設定し、お金を取って落語会を開くようになっていったんだ。

藤太
焉馬は大工、可楽はくし職人……。落語に出てくる登場人物みたいですね。

青藤
元来、落語というものは自分の身近に起こることを笑い話に仕立てていった。落語家が大工や職人で長屋に住むような人物だったからこそ、そういった噺が多く生まれてきたんだ。その後、寄席は全盛期を迎えるんだが、幕末から明治にかけて登場したのが、「近代落語の祖」とも言うべき三遊亭圓《さんゆうていえん》朝《ちょう》だよ。

藤太
よっ、待ってました！圓朝といえば、創作人情噺の大家ですよね。

青藤
『文七元結《ぶんしちもっとい》』『死神』『怪談牡丹燈籠《かいだんぼたんどうろう》』など、圓朝の作品は今なお高座でかけられ続ける名作だね。圓朝は、落語を文学的ともいえるストーリー仕立てにして語り、現代の落語の基礎を作ったともいえる人なんだ。

藤太
僕もいつかはやってみたい憧れの噺です……！

幕末〜明治

『怪談牡丹燈籠』三遊亭圓朝演述（国立国会図書館蔵）

落語界の革命児・三遊亭圓朝の登場

幕末から明治中期の名人・三遊亭圓《さんゆうていえん》朝《ちょう》（1839〜1900）は、創作人情噺の名手。また、それを速記のかたちで出版し、後世に多く残したことでも知られる。代表作に、『文七元結《ぶんしちもっとい》』『死神』『怪談牡丹燈籠《かいだんぼたんどうろう》』『真景累ヶ淵《しんけいかさねがふち》』など。『文七元結』は歌舞伎の演目にもなり、落語と歌舞伎の交流の一端も担った。

＼落語家のルーツは？／

落語家の系統

東京に4つのグループ
上方にひとつのグループがある

東京の落語家の多くは、「落語協会」と「落語芸術協会」という2つの団体のどちらかに所属している。東京の定席と呼ばれる寄席に出ているのは、この落語協会と落語芸術協会に所属する落語家たちだ。そのほか、5代目三遊亭《さんゆうてい》圓楽《えんらく》の弟子が所属する「円楽一門会」と、立川談志《たてかわだんし》が立ち上げた「落語立川流」がある。「円楽一門会」は「お江戸両国亭」という寄席とホールを中心に活動している。立川流は、ホール落語を基本としている。

関西は、「上方《かみがた》落語協会」のひとつ。ホールのほか、寄席なら「天満《てんま》天神《てんじん》繁昌《はんじょう》亭《てい》」で観られる。

「柳家《やなぎや》」「三遊亭《さんゆうてい》」「林家《はやしや》」など、同じ協会の中でもそれぞれの流派があり、カラーも少しずつ異なる。元々、江戸には「柳派」と「三遊派」という2つの流派があった。この2つを源流に、「桂《かつら》」「林家」などが枝分かれしていった。また、大阪にも別の流れがあり、「笑福亭《しょうふくてい》」「桂」などがそれにあたる。

流派によって得意分野が異なる

例

えば、小さんをはじめ柳家のお家芸といわれているのは、写実の細かさ。リアリティを重んじるものが多く、仕草や人物描写を細かく演じる。古典落語をきっちり演じるという姿勢が強い。

3代目古今亭志ん朝《ここんていしんちょう》の落語は、リズムや心地よさを重んじるもの。華やかさが感じられるものだった。そのほか、三遊亭や林家に多い、「地噺《じばなし》」（漫談のようなもの）を織り交ぜた高座など、笑いを追求していく一門もある。もちろん、新作落語を積極的に演じていく一門もある。

とはいっても落語の世界では、先代の意向を継ぐということは、必ずしも重要視されない。三遊亭圓丈《えんじょう》（独自の新作落語で新境地を開いた）は、師匠の圓生《えんしょう》が全くやらない独自路線を進むことで、逆に圓生に可愛がられていたという。たとえ襲名したといっても、先代のやった芸を踏襲するという人もいれば、全くちがうカラーで演じる人もいる。ルールは存在するが、それにがんじがらめにされることなく、新しい境地を切り開いていける自由さがあるのが落語の世界だ。

東京＆関西　落語界の構成

大所帯の落語協会をはじめ、現在の落語界には約800人の落語家がいる。
主な流派や一門の顔ぶれを見れば、共通項を見出すこともできる。

落語協会　東京

主な寄席

「上野鈴本演芸場」「浅草演芸ホール」「新宿末廣亭」「池袋演芸場」「国立演芸場」の定席《じょうせき》に出演。協会の2階にある「落語協会黒門亭」にも定席がある。（もちろん、このほかホール落語など、様々な落語会に出演する）

江戸落語界で最も大きなグループ。約290人の落語家が所属し、そのうち真打ちは200人弱。「柳家」「三遊亭」を中心に、「林家」「古今亭」などが主な流派。会長は柳亭市馬、副会長は林家正蔵（2014年〜）。

主な流派

5代目柳家小さん（◆）一門

約40人と多くの弟子を取った5代目小さん。故・立川談志や現在の落語界で唯一の人間国宝である10代目柳家小三治をはじめ、柳家さん喬、柳家権太楼、柳亭市馬、柳家花緑など多彩な弟子が活躍している。

3代目三遊亭圓歌一門

師匠・圓歌と同様に、三遊亭歌之介や三遊亭歌武蔵など、弟子も漫談のような爆笑ものの新作落語をメインに活躍する。

5代目古今亭志ん生（◆）一門

志ん生の弟子である故・10代目金原亭馬生の門下に五街道雲助、その弟子は桃月庵白酒。また、古今亭菊之丞も志ん生の孫弟子にあたる（師匠の古今亭圓菊が志ん生の弟子）。

6代目三遊亭圓生（◆）一門

長編人情噺を得意とした昭和の名人、圓生門下の三遊亭圓丈は、師匠とは違う路線の新作落語の革命児として実力を表した。その弟子の三遊亭白鳥も、新作の個性派。

8代目林家正蔵（◆）一門

正蔵の弟子に林家木久扇、故・橘家文蔵、故・5代目春風亭柳朝などがいる。柳朝の弟子には春風亭一朝、春風亭小朝など。2012年に21人抜きの抜擢で真打になった、春風亭一之輔は一朝の弟子。3代目橘家文蔵も、正蔵の孫弟子にあたる。2005年、林家こぶ平が9代目正蔵を襲名した。

円楽一門会

- 故・5代目三遊亭圓楽の一門。約60名が所属する。会長は三遊亭好楽（2015年〜）。
- 定席と呼ばれる主な寄席には出られず、「お江戸両国亭」での両国寄席などに出演。そのほか、ホール落語などで活躍する。
- 6代目三遊亭円楽や三遊亭鳳楽、三遊亭兼好などが所属する。円楽・好楽はテレビ番組「笑点」のメンバーとしても広く顔が知られる。

落語立川流

- 故・7代目立川談志が創設した一門。約60名が所属する。落語のほか、都都逸《どどいつ》や長唄《ながうた》の習得など、落語協会や落語芸術協会などとは異なる昇進ルールがある。
- 定席と呼ばれる主な寄席には出られず、ホール落語を中心に活躍する。
- 立川志の輔、立川談春、立川志らく、立川談笑は、「立川四天王」とも呼ばれ活躍する。

落語芸術協会

主な流派

5代目古今亭今輔（◆）一門

今輔門下に桂米丸（落語芸術協会の最高顧問）、その弟子に桂歌丸、桂米助など。

6代目春風亭柳橋（◆）一門

柳橋門下の故・春風亭柳昇は新作落語の名手。その弟子の昔昔亭桃太郎、春風亭昇太も新作の落語家。ただし、柳昇一門の春風亭小柳枝、瀧川鯉昇は古典ひと筋。

4代目三遊亭圓馬（◆）一門

圓馬門下に3代目三遊亭遊三、その弟子に三遊亭小遊三など。

江戸落語界で二番手の規模。約170人の落語家が所属する。真打ちは100人ほど。会長は桂歌丸（2004年〜）、副会長は三遊亭小遊三（2005年〜）。「古典落語の落協」「新作の芸協」と言われた時代もあったが、今は垣根はない。

主な寄席

「浅草演芸ホール」「新宿末廣亭」「池袋演芸場」「国立演芸場」の定席に出演。「お江戸日本橋亭」「お江戸上野広小路亭」でも定席を開催している。

上方落語協会

関西

主な流派

3代目桂米朝（◆）一門

上方落語を再興し、人間国宝にも選ばれた桂米朝を中心とした一門。弟子に故・桂枝雀、月亭可朝、桂ざこば、桂米團治など。

5代目桂文枝（◆）一門

弟子に6代目文枝や文珍など。

6代目笑福亭松鶴（◆）一門

弟子に仁鶴、鶴光、鶴瓶など。

関西の落語家による協会。約250名が所属する。東京と異なり、真打ち昇進制度がない。会長は6代目桂文枝（2003年〜）。上方落語は一時の衰退から、桂米朝、笑福亭松鶴、5代目桂文枝などの尽力で復興、今日がある。

主な寄席

2006年に「天満天神繁昌亭」をオープン。60年ぶりに復活した関西唯一の定席だ。桂ざこば主宰の「動楽亭」では、米朝系の落語家が中心となり出演する。

※（◆）は故人
※人数やそのほかのデータに関しては、2017年1月現在のものです
※一門の紹介では、本作で紹介している落語家（P.232〜234、236〜251）を中心に構成しました
※寄席の具体的な情報は、P.252〜255を参照してください

一度は聴いておきたい

落語界のレジェンドたち

現代落語の基礎を築いた昭和の名人たち。教養として知っておくだけでもいいが、
CDなどで聴いてみるとさらに理解が深まるはず。

5代目

古《こ》今《こん》亭《てい》志《し》ん生《しょう》

(1890～1973年)

①美濃部孝蔵②東京都③1910(明治43)年・2代目三遊亭小圓朝に入門④一丁入り⑤1939(昭和14)年、5代目古今亭志ん生を襲名。17回の改名を繰り返したことでも知られる。戦後はラジオやテレビ番組で活躍する売れっ子に。⑥代表作の『火焔太鼓《かえんだいこ》』のほか、多彩な演目で絶大な人気を得た。『風呂敷』『お直し』『寝床』など。

EPISODE

不遇の時代が長く、その間の貧乏暮らしが数々の逸話として残る。その破天荒ともいえる芸風と持ちネタの数の多さは、同時代の桂文楽と対照的。現代でもファンが多い昭和の名人。

戦後の
落語界の
スター

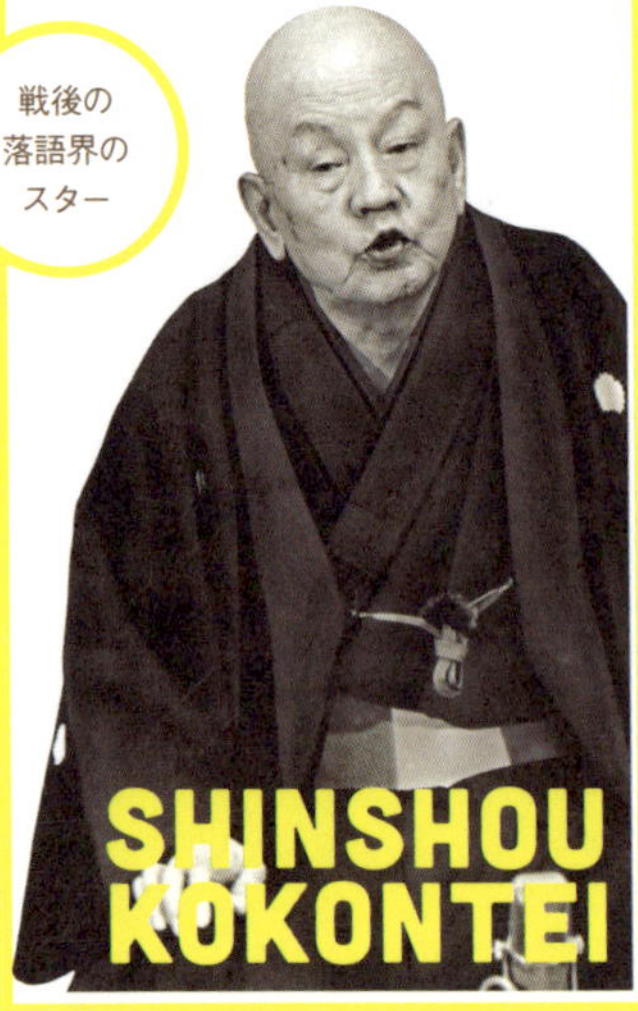

8代目

桂《かつら》 文《ぶん》楽《らく》

江戸の
芸人の
粋を感じる

(1892～1971年)

①並河益義②青森県③1908(明治41)年・初代桂小南に入門④野崎(人形浄瑠璃「野崎村」より)⑤1920(大正9)年、桂文楽を襲名。本来は6代だが、縁起を担いで8代とした。1954(昭和29)年、落語家では初の文部省芸術祭賞を受賞。⑥『明烏《あけがらす》』『船徳《ふなとく》』『寝床』など。持ちネタ全てが十八番と言われた名人芸。

EPISODE

持ちネタの数は多くないが、磨き上げられた狂いのない芸で知られる。芸術祭賞、褒章、叙勲など、落語界でいつも一番手に栄誉を受けた。自宅の旧町名から「黒門町《くろもんちょう》の師匠」と呼ばれた。

①本名 ②出身地 ③入門した年月・師匠 ④出囃子 ⑤略歴 ⑥十八番

5代目

柳《やなぎ》家《や》小《こ》さん

(1915～2002年)

①小林盛夫②長野県③1933(昭和8)年・4代目柳家小さんに入門④序の舞⑤1947(昭和22)年に9代目柳家小三治を襲名。1950(昭和25)年、5代目柳家小さんを襲名。1995(平成7)年、落語家では初の重要無形文化財保持者(人間国宝)となる。⑥『長短』『粗忽《そこつ》長《なが》屋《や》』『狸の札《さつ》』『狸賽《たぬさい》』『かぼちゃ屋』『道具屋』『笠碁《かさご》』など。

EPISODE

柳派の滑稽噺系統を代表する大看板。長屋もの、与太郎ものではほかの追随を許さなかった。多くの門弟を育成し、直系の弟子だけで30名以上いる。長男は6代目柳家小さん、孫は柳家花緑。

独自の
語り口が持つ
世界観

昭和の
落語界を
代表する
名人

6代目

三遊亭《さんゆうてい》圓生《えんしょう》

(1900～1979年)

①山﨑松尾②大阪府③1909(明治42)年・義父、5代目三遊亭圓生の師匠である4代目橘家圓蔵に入門④正札付⑤6歳のときに子ども義太夫で寄席出演して以来の寄席芸人。1941(昭和16)年、6代目三遊亭圓生を襲名。CD『圓生百席』などに代表される、豊富な持ちネタを持つ。⑥『妾《めかん》馬《ま》』『淀五郎《よどごろう》』『文七元結《ぶんしちもっとい》』『怪談乳房榎《かいだんちぶさえのき》』『鰍沢《かじかざわ》』など。

EPISODE

幅広い芸域の中でも、圓朝(P.227)系の長編人情噺に優れていた。メディアへの積極的な露出でも知られる。『圓生全集』『圓生百席』など、活字やCDで多くの貴重な資料を残した。

7代目

立川談志《たてかわだんし》

（1936～2011年）

①松岡克由②東京都③1952（昭和27）年・5代目柳家小さんに入門④木賊刈⑤1963（昭和38）年、立川談志を襲名して真打ち。1983（昭和58）年、真打ち昇進を巡る問題で落語協会を脱退。落語立川流を立ち上げ、自ら家元になる。⑥『粗忽長屋』『黄金餅《こがねもち》』『芝浜』『居残《いのこ》り佐平次《さへいじ》』『紺屋高尾《こうやたかお》』『らくだ』などレパートリーは広い。

EPISODE

毒舌、破天荒なキャラクターでも知られるが、「百年に一度の才能」と評された落語界の鬼才。「落語とは人間の業《ごう》の肯定」をモットーに、自分の言葉で落語を語るという独自の境地を切り開いた。

落語に
愛された
風雲児

落語を
知るなら
志ん朝を
聴け

3代目

古今亭志《ここんていし》ん朝《ちょう》

（1938～2001年）

①美濃部強次②東京都③1957（昭和32）年・父である5代目古今亭志ん生に入門④老松⑤1962（昭和37）年、古今亭志ん朝として、36人抜きで真打ち昇進。2001（平成13）年、芸術選奨文部科学大臣賞受賞。⑥志ん生譲りの『火焔太鼓』『唐茄子屋政談《とうなすやせいだん》』、文楽系の『明烏』『愛宕山《あたごやま》』など。軽快な語り口に、江戸前の粋と華やかさを感じさせた。

EPISODE

立川談志、三遊亭圓楽、春風亭柳朝と共に、「東京落語四天王」と呼ばれた。次世代のリーダーとして期待を一身に受けたが、2001年に病気のため急逝。早すぎる死にファンの落胆も大きかった。

九席目

堀井憲一郎が選ぶ

今、面白い落語家30

コラムニストの堀井憲一郎さんに、今聴きに行きたい東京の落語家30人を選んでもらった。現在も寄席やホールなどで活躍中の落語家が中心なので、ぜひ参考に。

＼話を聞いた人／

堀井憲一郎

ほりい・けんいちろう
コラムニスト。年間400以上の寄席・落語会に足を運ぶ。TVウォッチャーとして、テレビ・ラジオにも出演。『落語論』『落語の国からのぞいてみれば』（共に講談社）など、著書も多数。

やなぎや・こさんじ

柳家 小三治

1939年、東京・新宿区生まれ。都立青山高校在学中に、ラジオの素人寄席で活躍。卒業後の1959年、5代目柳家小《こ》さんに入門。前座名「小たけ」。1963年、二ツ目昇進「さん治」。1969年、17人抜きで真打ちに昇進し、10代目柳家小三治を襲名する。2014年、重要無形文化財保持者（人間国宝）認定。独特の間が心地いい落語。話題豊富なマクラも人気。

◆出囃子 ―「二上《にあ》がりかっこ」
◆紋 ―――「変わり羽団扇《はうちわ》」

Horii's COMMENT

日常生活における小さな行き違いや勘違いの中にこそ笑いがある。『道具屋』などの軽いネタなのに、お客全員の心をグッとつかんで持って行ってしまう。マクラも、自分の身の回りに根付いたネタが面白い。

はやしや・きくおう

林家 木久扇

1937年、東京・中央区生まれ。1960年、3代目桂三木助に入門。三木助没後、8代目林家正蔵門下へ移る。前座名「木久蔵」。1965年、二ツ目昇進。1973年、真打ち昇進。2007年、親子W襲名で「木久扇」。息子の林家きくおが木久蔵となる。テレビ番組「笑点」では、最古参・最年長のメンバー。多芸多趣味で、エッセイや絵本など、著書も多い。

◆出囃子 ―「宮さん宮さん」
◆紋 ―――「光琳《こうりん》の蔭蔦《かげづた》」

Horii's COMMENT

寄席で定番の創作ネタは、何回聞いても笑える爆笑もの。8代目林家正蔵の物まね『彦《ひこ》六伝《ろくでん》』をはじめ、昭和芸能史や鞍馬天狗ものなどいくつかあるが、とにかく顔付《かおつ》け（番組表）に入っているだけでとても楽しみな落語家。

さんゆうてい・えんじょう

三遊亭 圓丈

1944年、愛知県生まれ。1964年、落語家になるため明治大学を中退。昭和の名人と言われた、6代目三遊亭圓生《えんしょう》に入門する。前座名「ぬう生」。1969年、二ツ目昇進。1978年、初代三遊亭圓丈として真打ち昇進。新作落語で頭角を現し、自作の新作落語は300本超。ネタの豊富さは他の追随を許さない。新作落語の大家として伝説的な存在といわれる。

◆出囃子 —「官女」
◆紋 ———「くずし橘　ミッキーろっきい紋」

Horii's COMMENT

落語界に多大な影響を与えた革命児。自分が発信源となる新作を作るということを始め、現在ではそれが主流となった。大みそかの夜、寄席のトリで聴いた『悲しみは埼玉へ向けて』のもの悲しさは、心にズーンと響いた。

しゅんぷうてい・こあさ

春風亭 小朝

1955年東京・北区生まれ。1970年、15歳で5代目春風亭柳朝《りゅうちょう》に入門。前座名「小あさ」。のち「小朝」に改名。1976年、二ツ目昇進。1980年、36人抜きで真打ち昇進。2003年、流派や団体、東西の枠を超えて集まった落語家で「六人の会」を結成。落語家同士の交流の立役者となった。独演会を中心に活動し、地方を含めて年間200回を超える会が開かれている。

◆出囃子 —「三下《みくだ》りさわぎ」
◆紋 ———「光琳蔦《こうりんづた》」

Horii's COMMENT

芸のポテンシャルが非常に高い。ホール落語などで演じる長編人情噺、『死神』『中村仲蔵』『牡丹燈籠《ぼたんどうろう》』などは、外したところを見たことがない。短い『宗論《しゅうろん》』などいくつかの噺では、その型を踏襲して演じる若手も数多くいる。

やなぎや・さんきょう

柳家 さん喬

1948年、東京・墨田区生まれ。生まれ育った本所は近くに浅草六区があり、寄席や演芸場は身近な存在だった。1967年、5代目柳家小《こ》さんに入門。前座名「小稲」。1972年、初代柳家さん喬として二ツ目昇進。1981年、真打ち昇進。人情噺と滑稽噺のどちらにも定評がある実力派。四季折々の情景描写や、男女のこまやかな心理描写を得意とする。

◆出囃子 —「鞍馬獅子《くらまじし》」
◆紋 ———「丸に三ツ柏《かしわ》」

Horii's COMMENT

きれいな落語というとピンと来ないかもしれないが、素直に笑えて泣ける落語。寄席では『初天神《はつてんじん》』『子ほめ』といった前座噺に近いものでも爆笑をさらう。さん喬独自の『芝浜』は、温かな雰囲気のラストが印象的だった。

ごかいどう・くもすけ

五街道 雲助

1948年、東京・墨田区生まれ。子どもの頃から母親に鈴本演芸場などに連れて行かれ、寄席に馴染む。1968年、明治大学中退後、10代目金原亭馬生《きんげんていばしょう》に入門。前座名「駒七」。1972年、6代目五街道雲助として二ツ目昇進。1981年、真打ち昇進。軽い滑稽噺から、三遊亭圓朝《えんちょう》の長編人情噺までカバーする正統派。

◆出囃子 —「箱根八里」
◆紋 ———「剣かたばみ、裏梅」

Horii's COMMENT

演技も見た目も格好いいので、ちょっと気取った噺が真骨頂。新作落語『ラーメン屋』の舞台を、昭和から江戸のそば屋に変えて演じている『夜鷹そば屋』もハマっていた。与太郎があまりにも与太郎で、イメージを裏切らない。

やなぎや・ごんたろう

柳家 権太楼

1947年、東京・北区生まれ。明治学院大学在学中より落語研究会で活躍し、卒業後の1970年、柳家つばめに入門。前座名「ほたる」。1974年、つばめ没後、柳家小《こ》さん門下となる。1975年、二ツ目昇進「さん光」。1982年、18人抜きで真打ちに昇進し、3代目柳家権太楼を襲名する。年間500〜600席の高座をこなし、寄席の顔となっている。十八番は『代書屋《だいしょや》』。

◆出囃子 —「金毘羅《こんぴら》」
◆紋 ———「くくり猿」

Horii's COMMENT

どんな噺でも客を巻き込む寄席の爆笑王。客席が出囃子「金毘羅」を覚えていて、入場前から手拍子で舞台に迎えられたこともあった。『文七元結《ぶんしちもっとい》』『芝浜』などの大ネタを、権太楼独自の解釈で仕上げるのも印象的。

しゅんぷうてい・いっちょう

春風亭 一朝

1950年、東京・足立区生まれ。1968年、5代目春風亭柳朝《りゅうちょう》に入門。1970年、「朝太郎」で前座。1973年、二ツ目昇進「一朝」。1982年、真打ち昇進。師匠と同じく、軽快な江戸ことばと江戸っ子のきっぷのよさを感じる「江戸前落語」が持ち味。趣味の笛は、歌舞伎や落語でお囃子を担当するほどの腕前。高座のキャッチフレーズは「イッチョウ(一生)懸命」。

◆出囃子 —「あやめ浴衣」
◆紋 ———「沢瀉《おもだか》」

Horii's COMMENT

江戸っ子の粋を感じる軽妙な語り口が心地いい。ドンとした重さがなく、聴き終えた後は、一陣の風が吹き去っていったようなすがすがしさ。『蛙茶番《かわずちゃばん》』『浮世床《うきよどこ》』などのネタにも、その軽やかさがしっくりきていた。

はやしや・しょうぞう

林家 正蔵

1962年、東京・台東区生まれ。1978年、父である初代林家三平に入門。前座名「こぶ平」。1981年、二ツ目昇進。1987年、真打ち昇進。2005年、9代目林家正蔵を襲名。襲名に備えて、50席の古典を新たに覚えたという。祖父だった7代目林家正蔵、父・三平と、親子三代の真打ちは史上初。タレントとしての活動も知られる。2014年より落語協会副会長。

◆出囃子 ―「あやめ浴衣」
◆紋 ―――「花菱《はなびし》」

Horii's COMMENT

以前は『味噌豆《みそまめ》』などの短いネタの印象が強かったが、正蔵の襲名後は本格的な古典に意欲的に取り組んでいる。人情噺を中心に、じっくりと聴きたいときにおすすめ。これからにも期待したい落語家のひとり。

さんゆうてい・うたのすけ

三遊亭 歌之介

1959年、鹿児島県生まれ。1978年、3代目三遊亭圓歌《えんか》に入門。前座名「歌吾」。1982年、二ツ目昇進「きん歌」。1988年、真打ち昇進「歌之介」。古典と新作を使い分ける、師匠譲りのスタイル。地方出身のローカル感覚を生かして、独特の新作落語を作る。自分の少年時代や、母親のことを題材にした噺が多い。故郷では鹿児島弁の落語も披露する。

◆出囃子 ―「我は海の子」
◆紋 ―――「かたばみ」

Horii's COMMENT

寄席でどこの出番に出演しても、必ずウケをとる爆笑王。エピソードを積み重ねて、漫談のように仕上げた新作落語で爆笑をさらう。一方で、家族愛を描いた新作『かあちゃんのあんか』など、泣かせる話での熱演も光る。

りゅうてい・いちば

柳亭 市馬

1961年、大分県生まれ。1980年、5代目柳家小《こ》さんに入門。1981年、「小幸」で前座。1984年、二ツ目昇進「さん好」。1993年、4代目柳亭市馬として真打ち昇進。柳家の正統派古典を受け継ぐ落語家として、確固たる地位を築いている。趣味は流行歌を聴くこと、歌うこと。美声の持ち主で、2008年に歌手デビューも果たした。2014年より落語協会会長。

◆出囃子 —「吾妻八景《あづまはっけい》」
◆紋 ———「丸に花菱《はなびし》」

Horii's COMMENT

柳家の正統であり、古典の正統派。言葉や間合いをはじめ、わかりやすい落語が聴ける。一方、声がいいため噺の中でも歌いだす。別名、歌う落語協会会長だ。『掛取万歳《かけとりまんざい》』をはじめ、歌で既存の型を壊していくときも面白い。

やなぎや・かろく

柳家 花緑

1971年、東京・豊島区生まれ。1987年、祖父である柳家小《こ》さんに入門。前座名「九太郎」。1989年、二ツ目昇進「小緑」。1994年、戦後最年少の22歳で真打ちに昇進し、「花緑」に。スピード感あふれる歯切れのよい語り口が人気。劇作家による新作落語や、シェイクスピア作品やバレエを落語にアレンジするなど、新ジャンルにも意欲的に挑戦している。

◆出囃子 —「お兼《か》ねざらし」
◆紋 ———「剣かたばみ」

Horii's COMMENT

観ていて楽しい、華のある落語。20代は古典の正統派、30代はそれをより自分に引き寄せようとしていると感じた。40代からどのように幅を広げていくのか楽しみ。寄席はもちろん、のびのびと演じる独演会もおすすめ。

UTAMUSASHI SANYUTEI

さんゆうてい・うたむさし

三遊亭 歌武蔵

1968年、岐阜県生まれ。1983年3月、中学卒業後に相撲の武蔵川部屋へ入門するも、同年9月ケガのため廃業。同年12月、3代目三遊亭圓《えん》歌《か》に入門。1984年、「歌ちどき」で前座。1988年、二ツ目昇進、「歌武蔵」。1994年、海上自衛隊横須賀教育隊へ入隊し、練習員過程を修業。アフリカ・ザイール・ゴマへ激励慰問する。1998年、真打ち昇進。

◆出囃子 ―「勧進帳《かんじんちょう》」
◆紋 ――「かたばみ、右二ツ巴、統幕《とうばく》」

Horii's COMMENT

元力士という異色の経歴。寄席では、力士時代と現代の相撲界のエピソードを織り交ぜた「支度部屋外伝《したくべやがいでん》」をはじめ、漫談に近い噺が人気。落語では、相撲部屋の親方のような体格を生かした、お大尽キャラもハマり役。

はやしや・たいへい

林家 たい平

1964年、埼玉県生まれ。武蔵野美術大学造形学部卒業。1988年、林家こん平に入門。前座時代より、芸名「たい平」。1992年、二ツ目昇進。2000年、真打ち昇進。2004年より、病気療養中の師匠・こん平の代理としてテレビ番組「笑点」に出演し、2006年からレギュラー。古典にも現代に通じるような新たな解釈を加え、落語の楽しさを伝えている。

◆出囃子 ―「ぎっちょ」
◆紋 ――「花菱《はなびし》」

Horii's COMMENT

作り込んだマクラと古典落語できちんと笑いをとる。同世代である柳家喬太郎や三遊亭白鳥と並び、テレビに出る前から、寄席での熱演が光っていた。年齢を重ねてから、今後の落語がどうなっていくのか楽しみ。

TAIHEI HAYASHIYA

やなぎや・きょうたろう

柳家 喬太郎

1963年、東京・世田谷区生まれ。日本大学落語研究会時代に、関東大学対抗落語選手権で優勝。卒業後は書店勤務を経て、1989年、柳家さん喬に入門。前座名「さん坊」。1993年、二ツ目昇進「喬太郎」。2000年、真打ち昇進。古典落語と共に、『ハワイの雪』『純情日記横浜編』などの新作、『歌う井戸の茶碗』などの古典の改作に意欲的に取り組んでいる。

◆出囃子 ―「まかしょ」
◆紋 ――「丸に三つ柏《かしわ》」

Horii's COMMENT

古典をきっちり演じつつ、新作も幅広く演る。自分の中にある狂気を見つめて、それも落語にのせて聴かせるようなイメージ。新作は文学的な部分も感じさせる。『純情日記横浜編』は、若手も演じ始めて古典化しつつある。

さんゆうてい・はくちょう

三遊亭 白鳥

1963年、新潟県生まれ。日本大学卒業後、1987年三遊亭圓丈《えんじょう》に入門。前座名「にいがた」。1990年、二ツ目昇進「新潟」。2001年、真打ち昇進「白鳥」。オリジナルの創作落語を得意とし、100本以上の作品がある。『火炎太鼓《かえんだいこ》』『スーパー寿限無《じゅげむ》』など、古典を大幅に改作した「白鳥版古典落語」も好評。落語教育にも力を注ぎ、全国の小・中学校を訪問している。

◆出囃子 ―「白鳥の湖」
◆紋 ――「白鳥」

Horii's COMMENT

落語の間合いと音、そしてオリジナルを作る力もずば抜けている。また、『死神』などの人情噺でさえ、白鳥ネタに変えて笑いをとる。ダジャレは親父ギャグではなく、きちんと笑えるものだ、ということを気づかせてくれた。

たちばなや・ぶんぞう

橘家 文蔵

1962年、東京・江戸川区生まれ。1986年、橘家文蔵に入門。1988年、「かな文」で前座。1990年、二ツ目昇進「文吾」。2001年、真打ち昇進「文左衛門」。2016年、師匠の名前を継ぎ、3代目橘家文蔵を襲名。『道灌《どうかん》』『ちはやぶる』などの軽めの滑稽噺では爆笑を誘い、『文七元結《ぶんしちもっとい》』『子別れ』など、豊かな表現力に裏付けられた人情噺も得意とする。

◆出囃子 ―「三下《さんさが》りかっこ」
◆紋 ――「光琳蔦《こうりんづた》」

Horii's COMMENT

強面で無頼な雰囲気をそのままに、古典を演じると面白い。『ちりとてちん』『浮世床《うきよどこ》』など、出てくる登場人物に自身のキャラがうまく生かされている。強面なのにそんなに強くない、それが芸人としての面白さ。

BUNZOU TACHIBANAYA

撮影/武藤奈緒美

KIKUNOJOU KOKONTEI

ここんてい・きくのじょう

古今亭 菊之丞

1972年、東京・渋谷区生まれ。中学・高校の6年間、寄席に通い詰める生活を送る。1991年、2代目古今亭圓菊《えんぎく》に入門。前座時代より、芸名「菊之丞」。1994年、二ツ目昇進。2003年、真打ち昇進。二ツ目の時代から、世界一周クルーズの船上で高座を務めるなど活躍。古風な雰囲気と艶のある芸で、「江戸・明治を感じさせる噺家」と呼ばれる。

◆出囃子 ―「元禄《げんろく》花見踊り」
◆紋 ――「裏梅」

Horii's COMMENT

古典の軽いネタなら全てハマるし、どれをやっても間違いがない。穏やかで安心できる芸。日本舞踊の経験から所作も美しく、独特の色っぽさがある。役者のような風貌と太い声とのギャップにも、惹きつけられる部分がある。

とうげつあん・はくしゅ

桃月庵 白酒

1968年、鹿児島県生まれ。早稲田大学在学中も落語研究会で活躍。大学中退後の1992年、6代目五街道雲助《ごかいどうくもすけ》に入門。前座名「はたご」。1995年、二ツ目昇進「喜助」。2005年、真打ちに昇進し3代目桃月庵白酒を襲名。時事ネタなどを取り入れたマクラでは、独特な切り口とセンスが光る。また、基本を踏襲しながらも現代的な感覚を取り入れた古典落語が新鮮。

◆出囃子 —「江戸」
◆紋 ——「裏梅　葉付き三つ桃」

Horii's COMMENT

高座での毒の強さに、いつか刺されるぞ、と言われたこともあるという強者。ただ、悪口の切れ味がいい。聴く人の弱さをカバーし、勇気を与えてくれるような強さがある。高座の後は、自分も少し強くなったように感じる。

やなぎや・さんざ

柳家 三三

1974年、神奈川県生まれ。中学時代から、東京の寄席に通う。1993年、10代目柳家小三治《こさんじ》に入門。前座名「小多け」。1996年、二ツ目昇進「三三」。2006年、真打ち昇進。年間400席以上の高座をこなす売れっ子。映画『しゃべれどもしゃべれども』、マンガ『どうらく息子』などで落語指導・監修を行うなど幅広く活躍。愛称は「ミミちゃん」。

◆出囃子 —「京鹿小娘道成寺《きょうがのこむすめどうじょうじ》」
◆紋 ——「羽団扇《はうちわ》」

Horii's COMMENT

寄席で引っ張りだこの人気者。小さなネタでも笑わせるし、マイナーなネタや締める(笑いの少ない、聴かせる)ネタなど、幅広く演じる。独特の色気を感じる落語家。踊るように入って来る高座の入りにも注目してしまう。

しゅんぷうてい・いちのすけ

春風亭 一之輔

1978年、千葉県生まれ。日本大学在学中より落語研究会で活躍し、卒業後の2001年、春《しゅん》風《ぷう》亭《てい》一《いっ》朝《ちょう》に入門。前座名「朝左久」。2004年、二ツ目昇進「一之輔」。NHK新人演芸大賞など様々な賞を受賞し、2012年、21人抜きで真打ち昇進。のびのびとした芸風で、古典から新作まで幅広く演じる。寄席への出演に加え、全国で落語会を開催。メディア出演も多い。

◆出囃子 ―「さつまさ」
◆紋 ――「中蔭光琳蔦《なかかげこうりんづた》」

Horii's COMMENT

若手の中でも抜きん出た実力者。『粗忽の釘』など笑わせる噺が得意で、与太郎ネタが圧倒的に強い。もちろん人情噺もきっちりやりきる。ずっと悪口を言っているイメージだが、その芯の強さに惹かれる人も多いのでは。

そうだ、落語を聴きに行こう ①

寄席で目当ての落語家がいるなら「主任《トリ》」を目指して行こう

寄席に誰かを目当てで聴きに行く場合は、その日のプログラムを確認してから行きたい。その落語家が、仲《なか》入《い》り(休憩)前か主任《トリ》(最後)として出演していないと、あまり意味がないからだ。

寄席のひとりの持ち時間は、通常15分。仲入り前の演者(中トリと呼ばれることも)なら20～25分、トリになると25～30分となる。つまり、その日の寄席の主役はトリで、合間に出る演者は、映画で言うと友情出演のようなもの。軽い噺が多いので、あまり期待して行かない方がよいかもしれない。

そして、さらにしっかりと聴きたい落語家がいるなら、できれば独演会に行きたい。二人会や三人会よりも、独演会がベター。なぜなら、二人会・三人会にも「トリ」が存在する。大体は芸歴順で並ぶから、前に出る演者はどうしても、本気の高座は後ろに譲ろうと思ってしまいがち(もちろん、全力で演じるファイタータイプの人もいる)。寄席でひいきを見つけたら、独演会に行ってみると、さらに新しい魅力が見つかるだろう。

しゅんぷうてい・こりゅうし

春風亭 小柳枝

1936年、東京・新宿区生まれ。1965年、4代目春風亭柳好《りゅうこう》に入門。前座名「笑好」。1968年、二ツ目昇進。1976年、5代目春風亭柳昇《りゅうしょう》門下に移り「鶏昇」。1978年、真打ちに昇進し、9代目春風亭小柳枝を襲名する。古典落語ひと筋。モットーは「よき落語の継承と伝達」。都内の寄席や地方の落語会に出演するほか、学校寄席などにも積極的に参加している。

◆出囃子 ―「梅は咲いたか」
◆紋 ――「三《み》ツ追沢瀉《おいおもだか》」

Horii's COMMENT

軽快なテンポで進むスピーディな落語。しっかりとした落ち着きのある語り口で、声もいい。それなのに、早い。10分くらいのネタを6分くらいでやりきる印象。そのちゃきちゃきの江戸っ子感が、とにかくかっこいい。

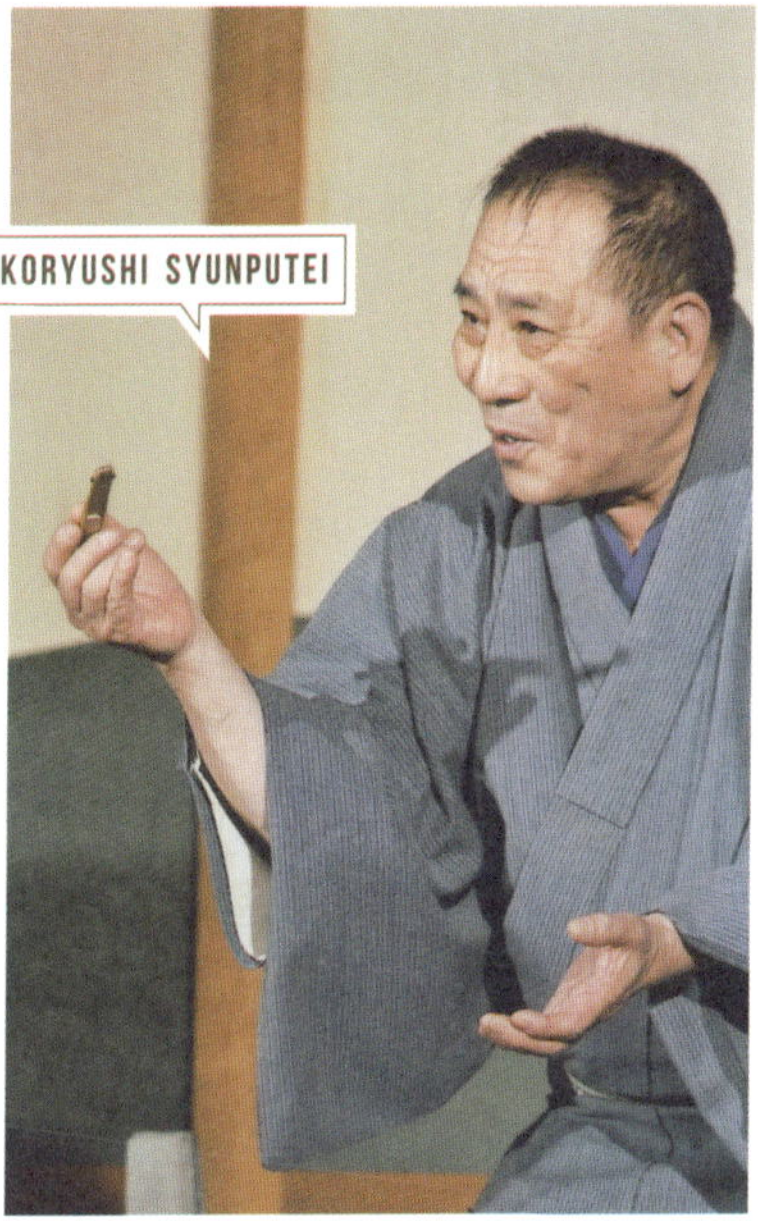

せきせきてい・ももたろう

昔昔亭 桃太郎

1945年、長野県生まれ。1965年、5代目春風亭柳昇《しゅんぷうていりゅうしょう》に入門。前座名「昇太」。1969年、二ツ目昇進「笑橋」。1980年、真打ちに昇進し、3代目昔昔亭桃太郎となる。主に新作落語を得意とし、その独特でユーモラスな内容が人気。石原裕次郎を題材にした『裕次郎物語』や、昭和歌謡を歌いながら語る『歌謡曲を斬る』などは、ライトな笑いが満載の代表作。

◆出囃子 ―「旧桃太郎の歌」
◆紋 ――「桃」

Horii's COMMENT

寄席では必ず爆笑をとる。くだらないことを言い続ける……、シンプルにそれが面白い。自作の『裕次郎物語』『結婚相談所』などは、どこに行ってもウケる鉄板ネタ。独特の間合いで、お客を惹きつける。

さんゆうてい・こゆうざ

三遊亭 小遊三

1947年生まれ、山梨県出身。1968年、3代目三遊亭遊三《ゆうざ》に入門。1969年、「遊吉」で前座。1973年、二ツ目昇進「小遊三」。1983年、真打ち昇進。80年代のお笑いブームに乗り、「オレたちひょうきん族」などのテレビ番組に出演。1983年より、「笑点」にレギュラー出演。テレビでのアウトローなイメージとは異なり、正当な古典落語に定評がある。

◆出囃子 ―「ボタンとリボン」
◆紋 ―――「高崎扇」

Horii's COMMENT

『金は廻る（別名・持参金）』などのような本来の落語に近いライトなネタが多いが、本当に上手な人だと感じる。力を入れすぎずにトントントンと進んでいく流れが心地いい。いつか本格的な長編も聴きたい。

たきがわ・りしょう

瀧川 鯉昇

1953年、静岡県生まれ。明治大学卒業後の1975年、8代目春風亭小柳枝《こりゅうし》に入門。前座名「春風亭柳若」。1977年、春風亭柳昇《りゅうしょう》門下へ。1980年、二ツ目昇進「愛橋」。1990年、真打ち昇進「鯉昇」。2005年、瀧川鯉昇と改名。「脱力系落語」とも称される、肩の力の抜けた独自のテンポが心地よい。鯉昇流アレンジが炸裂する、改作古典の『時そば』は爆笑必至。

◆出囃子 ―「鯉」
◆紋 ―――「遠州根笹《えんしゅうねざさ》」

Horii's COMMENT

落語の中に展開される、「鯉昇落語」とも言うべき独自の世界観。『粗忽の釘』をはじめ定番の噺が、展開するうちに少しずつ見方がずれてくる様子が面白い。聴くとはぐらかされる、そしてまた聴きたくなる。

しゅんぷうてい・しょうた

春風亭 昇太

1959年、静岡県生まれ。1982年、5代目春風亭柳昇《りゅうしょう》に入門。前座名「昇八」。1986年、二ツ目昇進「昇太」。1992年、真打ち昇進。新作落語の創作に加え、独自の解釈で古典にも取り組む。新作『力士の春』を若手が演じるなど、古典化しつつある噺も。演劇や音楽系ライブへの出演など、ジャンルを超えて活躍中。趣味の城歩きでは、著作も出すほど。

◆出囃子 —「デイビー・クロケット」
◆紋 ———「五瓜《ごうり》に唐花《からはな》、クラゲ」

Horii's COMMENT

古典から新作問わず芸の幅は広い。古典に果敢に挑んでいき、アレンジして自分流のネタにする。高座は常に全力投球、非常に戦闘的な印象。笑いに特化した落語で、常にお客を自分の世界に巻き込んでいく。

そうだ、落語を聴きに行こう ②

映像よりもライブがいい
噺ではなく〝人〟を聴きに行く

落語を聴くなら、やはりライブがおすすめ。落語の特徴は、客席が明るいこと。落語家はお客の顔を見ながら、その空気感に合わせて噺を選ぶ。その場にいる人だけに語りかける芸なのだ。映像になれば、ほかの人に話しかけている噺を後から見ているだけでしかない。

また、何度か落語を聴きに行っていると、同じ噺を聴くときがある。「また同じ噺だ」と残念な気持ちになるかもしれない。しかし、反対に何度か聴くと、同じ噺でも演者によって、全く雰囲気がちがったり、笑えたり笑えなかったりすることに気づく。重要なのは噺ではなく演者。何をしゃべっても面白い人は面白い。ネタは極端に言えば何でもいいのだ。

さらに、同じ演者が同じネタを演じることもある。ただ、それでも楽しいのが落語。「あの落語家が演じるあの人にまた会いたい」という気持ち。「久しぶり〜、元気元気?」と駆け寄ってしまうような親近感。〝あの〟熊さんはその落語家の噺の中にしかいない。そんな落語の面白さも感じてほしい。

SHINOSUKE TATEKAWA

立川 志の輔《たてかわ・しのすけ》

Horii's COMMENT

“志の輔流の古典落語解釈”が見事で、聴くたびに感動。落語を一度自分の中で壊してから、言葉を自分のものに変えてしゃべる。師匠の談志の落語は、志の輔の中に一番息づいていると思う。新作落語も面白く、爆笑必至。

1954年、富山県生まれ。明治大学卒業後、劇団所属、広告代理店勤務を経て、1983年、29歳で立川談志《たてかわだんし》に入門。直後に談志が立川流を設立したため、寄席で前座修業をすることなく、落語会やテレビで芸を磨いた。1990年、真打ち昇進。演劇的な舞台の仕掛けを用いたり、能や狂言とコラボしたりするスタイルは「志の輔らくご」と総称され、新境地を開いている。

◆出囃子 —「梅は咲いたか」　◆紋 —「丸に左三蓋松《さんがいまつ》」

DANSYUN TATEKAWA

立川 談春《たてかわ・だんしゅん》

© 鈴木心

Horii's COMMENT

古典落語の正統派だが、落語にのせて自分自身を語る、ということを正面から行っている。人の胸ぐらをつかんで、その心の奥まで届かせるような力を持つ落語。特に『文七元結』『たちきり』『紺屋高尾』『芝浜』などの長編人情噺がいい。

1966年、東京・板橋区生まれ。1984年、17歳で立川談志に入門。1988年、二ツ目昇進。1997年、真打ち昇進。古典落語の名手で、独特の話芸で魅せる斬新さが注目を浴び、「新世代の名人」と評される。2008年、談志との師弟関係や前座生活をつづったエッセイ『赤めだか』を執筆、ベストセラーとなった。舞台やドラマにも出演し、独特の存在感を放つ。

◆出囃子 —「鞍馬」　◆紋 —「丸に左三蓋松」

たてかわ・しらく

立川 志らく

1963年、東京・世田谷区生まれ。日本大学中退後、1985年、立川談志に入門。1988年、二ツ目昇進。1995年、真打ち昇進。古典落語に対する情熱と高座の完成度は、高い評価と支持を得ている。名作映画を古典落語に置き換えて語る「シネマ落語」や、劇団「下町ダニーローズ」の主宰など、活動は多岐にわたる。一門は20人超の弟子をかかえる大所帯でもある。

◆出囃子 ―「花嫁人形」
◆紋 ―――「丸に左三蓋松」

Horii's COMMENT

古典落語を丁寧に作り直し、自分のものにしている。ひと声でその場の空気をひっくり返し、お客を自分の世界に引き込んでいく力がある。その世界観は、狂気と隣接して落語に取り組んでいるようにも見える。

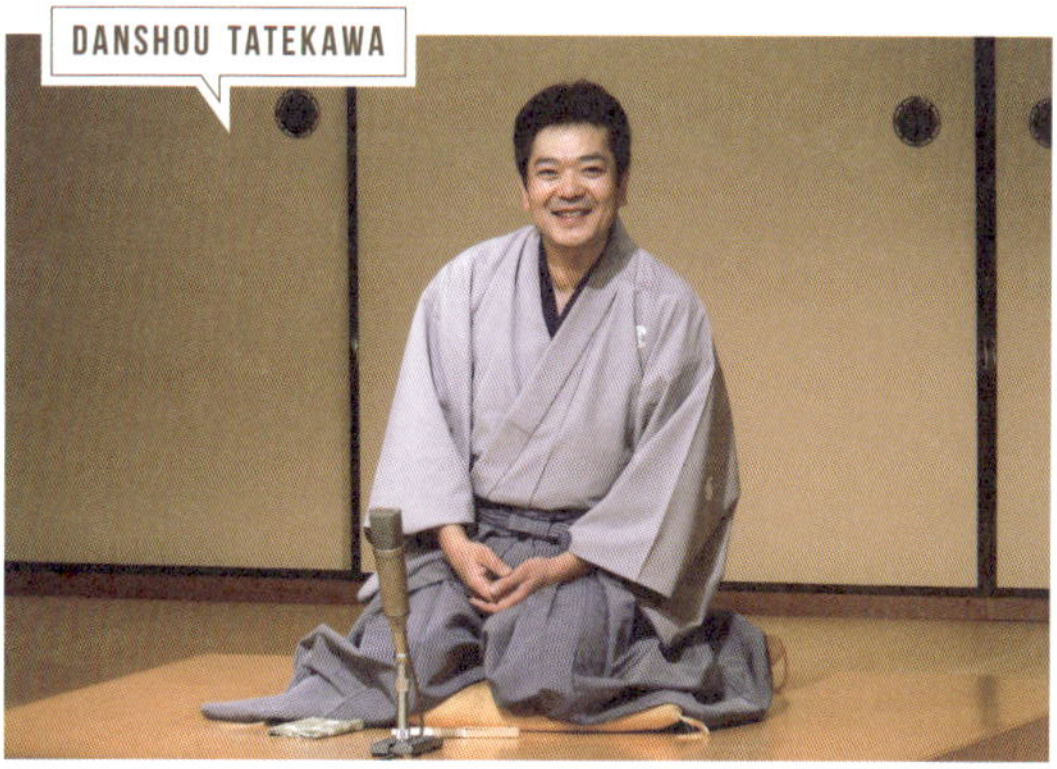

たてかわ・だんしょう

立川 談笑

Horii's COMMENT

だます仕組みが複雑すぎる『薄型テレビ算』など、改作があまりにも面白く刺激が強すぎて、普通の古典が物足りなくなってしまうくらい。もちろん『文七元結』などの人情噺もしっかりと演じる。

1965年、東京・江東区生まれ。早稲田大学卒業後、予備校講師を経て、1993年、立川談志に入門。前座名「談生」。1996年、二ツ目昇進。2003年、改名して6代目立川談笑を襲名。2005年、真打ち昇進。古典を改作して演じることも多い。談笑版『子別れ』では、時代を昭和に移して親子の絆を描き、高い支持を得ている。ほかに『薄型テレビ算（元ネタ・つぼ算）』なども。

◆出囃子 ―「野球拳」　◆紋 ―「丸に左三蓋松」

実際に聴きに行こう！

落語が聴ける寄席・ホール

やはり落語は生で聴きたい。それぞれの寄席で、客層や雰囲気も異なる。

「定席」のスケジュール

- 上席……1日〜10日
- 中席……11日〜20日
- 下席……21日〜30日

ほぼ毎日聴ける！

定席《じょうせき》のある寄席

寄席といえばここ。毎日のように興行を行う「定席」のご紹介。

新宿《しんじゅく》末廣亭《すえひろてい》

- 東京都新宿区新宿3-6-12
- ☎ 03-3351-2974
- HP http://www.suehirotei.com/
- 地下鉄新宿三丁目駅から徒歩すぐ
- 昼の部12〜16時半／夜の部17〜21時
- ¥ 一般3000円（特別興行は料金変更）
  ※自由席・当日券、昼夜入替なし
- 上席／中席／下席

風情ある昔ながらの劇場

1897（明治30）年創業。いす席のほか、畳敷きの桟敷席がある寄席はここだけ。昭和初期に建てられた風情ある木造建築だ。毎週土曜夜に開催される深夜寄席（P.254）も、若者を中心に人気を集める。

上野《うえの》鈴本演芸場《すずもとえんげいじょう》

最古の歴史を持つ寄席

江戸時代末期の1857（安政4）年に創業した、現存する中では最古の歴史を持つ寄席。一番太鼓や追い出し太鼓は、前座が木戸口でたたいているところが見え、寄席の雰囲気を盛り上げる。

- 東京都台東区上野2-7-12
- ☎ 03-3834-5906
- HP http://www.rakugo.or.jp/
- 地下鉄上野広小路駅から徒歩2分
- 昼の部12時半〜16時半／夜の部17時半〜20時40分
- ¥ 一般2800円（特別興行は料金変更）
  ※自由席・当日券
- 上席／中席／下席

浅草《あさくさ》演芸《えんげい》ホール

浅草の歴史ある寄席

1964(昭和39)年創業。浅草寺からすぐの立地で参拝客の観覧も多く、初心者も入りやすい雰囲気がある。年末年始も営業し、新春の顔見世興行はたいへんな人出。

東京都台東区浅草1-43-12　☎03-3841-6545
HP http://www.asakusaengei.com/
地下鉄浅草駅から徒歩10分
昼の部11時40分～16時半／
夜の部16時40分～21時
¥ 一般2800円(特別興行は料金変更)
※自由席・当日券、昼夜入替なし
上席／中席／下席

池袋《いけぶくろ》演芸場《えんげいじょう》

演者との距離の近さがうれしい

1951(昭和26)年からの営業。落語家ひとりの持ち時間が20分とほかの劇場より長く、マイクがないため肉声の高座が楽しめる。全92席のアットホームな劇場。

東京都豊島区西池袋1-23-1　☎03-3971-4545
HP http://www.ike-en.com/
JR池袋駅から徒歩3分
[上席・中席]昼の部12時半～16時半／夜の部17～20時半
[下席]昼の部14～17時15分／夜の部18～20時半
¥ 一般2500円(下席は2000円、夜の特別興行は料金変更)
※自由席・当日券、上席・中席は昼夜入替なし
上席／中席／下席

国立《こくりつ》演芸場《えんげいじょう》

演芸の資料展示室もある

1979(昭和54)年に開場。定席公演は原則、上席と中席のみ。前売り券も購入でき、座席は指定席。若手落語家による「花形演芸会」なども開催。演芸の資料展示室も併設している。

東京都千代田区隼町4-1
☎03-3265-7411／チケット予約 ☎0570-07-9900／
03-3230-3000[一部IP電話等]
HP http://www.ntj.jac.go.jp/engei.html
地下鉄半蔵門駅・永田町駅から徒歩5分
昼の部13～16時／夜の部18～21時(日により異なる)
¥ 一般2100円(公演により異なる)　上席／中席

天満《てんま》天神繁昌亭《てんじんはんじょうてい》

上方落語を聴くならここ

2006(平成18)年開場。それまで寄席がなかった関西にできた、上方落語界待望の定席だ。午前10時から開演する「朝席」もある。夜は様々な落語会が開かれている。

大阪府大阪市北区天神橋2-1-34
☎06-6352-4874
HP http://www.hanjotei.jp/
地下鉄南森町駅・JR大阪天満宮駅から徒歩3分
昼の部13～16時過ぎ
¥ 昼の部一般前売2500円、当日3000円
昼の部は1週間ごとに演者が入れ替わる

有望株をチェック！

若手が観られる場所

二ツ目を中心とした、若手落語家が観られる場所も増えてきた。

渋谷らくご（ユーロスペース）

初心者でも安心して楽しめる

略して「シブラク」。ユーロスペースにて、毎月第2金曜日から5日間開催される落語会。実力派の真打ち～二ツ目が30分ずつたっぷり語る「渋谷らくご」のほか、様々な会を開催。

東京都渋谷区円山町1-5
KINOHAUS 2F
☎ 03-3461-0211／
チケット予約 ☎ 0120-240-540
HP http://eurolive.jp/shiburaku/
JR渋谷駅から徒歩10分

らくごカフェ

若手を中心に、ほぼ毎日落語会を開催

平日昼はカフェとして営業。夜には1杯やりながら、気軽に高座が楽しめる実演スペースに。写真は、若手が切磋琢磨する「らくごカフェに火曜会」のOB、春風亭一之輔師匠。

東京都千代田区神田神保町2-3
神田古書センター5F
☎ 03-6268-9818（平日12～18時）
HP http://rakugocafe.exblog.jp/
地下鉄神保町駅から徒歩すぐ

新宿末廣亭・深夜寄席

毎週土曜は「深夜寄席」

毎週土曜9時半からの「深夜寄席」は二ツ目限定の会。ワンコインで観られることもあって人気。土曜の夜は、寄席の前に開場待ちの行列ができる。

神田連雀《れんじゃく》亭

二ツ目専用の寄席

二ツ目の若手のみが出演する落語・講談の寄席。500円で3人の高座が聴ける「ワンコイン寄席」、1000円で4人の「きゃたぴら寄席」など、気軽に楽しめる。チケットは当日券のみ。

東京都千代田区神田須田町1-17
加藤ビル2F
☎ 070-6565-8563
HP http://ameblo.jp/renjaku-tei/
JR神田駅から徒歩4分

永谷《ながたに》お江戸《えど》日本橋亭《にほんばしてい》

(公社)落語芸術協会の定席

月後半の平日の夜は、芸術協会の定席。そのほか、講談・浪曲・義太夫・新内などの伝統芸能の会も開かれる。若手が独演会をすることも多い。

東京都中央区日本橋本町3-1-6
☎ 03-3245-1278(永谷商事)
HP http://www.ntgp.co.jp/engei/nihonbasi/
地下鉄三越前駅から徒歩2分

永谷《ながたに》お江戸《えど》上野広小路亭《うえのひろこうじてい》

古典芸能からお笑いライブまで

毎月1～15日の昼は、落語芸術協会の定席。円楽一門や立川流の定期公演や合同公演もあり。

東京都台東区上野1-20-10
☎ 03-3833-1789(永谷商事)
HP http://www.ntgp.co.jp/engei/ueno/
地下鉄上野広小路駅から徒歩すぐ

永谷《ながたに》お江戸《えど》両国亭《りょうごくてい》

円楽一門の落語会を開催

毎月1～15日まで、円楽一門により「両国寄席」が開催される。一門にとって、寄席に代わる拠点。

東京都墨田区両国4-30-4 両国武蔵野マンション1F
HP http://www.ntgp.co.jp/engei/ryougoku/
JR両国駅から徒歩5分

動楽亭《どうらくてい》

米朝事務所縁《ゆかり》の寄席

桂ざこばが席亭《せきてい》を務め、米朝事務所所属の落語家が出演する。毎月1～20日の昼14時から定席がある。

大阪府大阪市西成区山王1-17-6
☎ 06-6365-8281
HP http://www.beicho.co.jp/
地下鉄動物園前駅から徒歩すぐ

定席以外の寄席も

そのほかの落語が聴ける場所

定席以外で定期的に公演を行っている、関東・関西の寄席を紹介。

横浜にぎわい座

大衆芸能の専門施設

月頭の7日間は、落語家や色物が複数登場する「横浜にぎわい寄席」を開催。そのほか、落語の独演会や講談、漫才、コントなど、大衆芸能を中心に様々な会を催している。

神奈川県横浜市中区野毛町3-110-1
☎ 045-231-2525
HP http://nigiwaiza.yafjp.org/
JR桜木町駅から徒歩3分

落語協会黒門亭《らくごきょうかいくろもんてい》

落語協会主催の寄席

毎週土・日曜の昼に、二部構成で落語会を開催。場所は落語協会の2階にあり、昭和の名人・桂文楽の住居があったことでも知られる上野黒門町にあたる。

東京都台東区上野1-9-5(落語協会2F)
☎ 03-3833-8563
JR御徒町駅から徒歩5分

落語会は毎日のように開催中! そのほかの情報はHPもCHECK!

- 一般社団法人 落語協会 http://rakugo-kyokai.jp
- 公益社団法人 落語芸術協会 https://www.geikyo.com
- 公益社団法人 上方落語協会 http://www.kamigatarakugo.jp

監修　**柳家花緑**（やなぎや かろく）

1971年東京生まれ。9歳のときより落語を始め、1987年、祖父であり、後に人間国宝となる故・5代目柳家小さんに入門。1994年、戦後最年少の22歳で真打ち昇進。国立演芸場花形演芸会大賞など、多数受賞。着物と座布団という古典落語の伝統を守りつつも、近年では、47都道府県落語や新作落語を洋服と椅子という現代スタイルで口演する「同時代落語」にも取り組んでいる。ナビゲーターや俳優としても活躍中。著書に『落語家はなぜ噺を忘れないのか』（角川SSC新書）、監修に『柳家花緑と落語を観よう』（岩崎書店）、脚色・実演に『柳家花緑の同時代ラクゴ集 ちょいと社会派』（竹書房）など。

マンガ・イラスト　**柚木原なり**（ゆきはら なり）

人の絆や情を感じさせるストーリーを得意とする。寄席も居酒屋も、おひとり様でふらりと入る落語女子。好きな噺は『死神』『平林《ひらばやし》』『だくだく』。

取材協力	堀井憲一郎、柳家緑太
カバー・本文デザイン	酒井由加里（G.B. Design House）
DTP	くぬぎ太郎（TARO WORKS）
撮影	朝日新聞出版写真部 岸本絢、加藤夏子、長谷川唯
写真提供	朝日新聞社 （P.232～234、P.236～251の柳家花緑、橘家文蔵、柳家三三、春風亭小柳枝、立川談春、立川志らくを除く）
編集制作	松田明子
企画・編集	朝日新聞出版　鈴木晴奈

協力施設

●江戸東京博物館
江戸東京の歴史と文化の実物資料や、復元模型を豊富に展示する。原寸大幅の日本橋や、町並みを緻密に再現したジオラマは、一見の価値あり。
東京都墨田区横網1-4-1
☎ 03-3626-9974
HP http://www.edo-tokyo-museum.or.jp/

●深川江戸資料館
江戸深川に関する歴史・民俗の展示、また文化活動の場を提供する。展示室では、深川の町並みを原寸大で再現。実際に建物の中に入ることもできる。
東京都江東区白河1-3-28
☎ 03-3630-8625
HP http://www.kcf.or.jp/fukagawa/

主な参考図書

『図説　落語の歴史』山本進（河出書房新社）
『読んで味わう古典落語の傑作101噺と見て愉しむ江戸の暮らし』監修・河合昌次（U-CAN）
『落語手帳』広瀬和生（東京書籍）
『落語にアクセス』小野幸恵（淡交社）
『落語の国からのぞいてみれば』堀井憲一郎（講談社）
『落語ハンドブック』山本進（三省堂）
『落語名作200席　上・下』京須偕充（KADOKAWA）

マンガで教養《きょうよう》
やさしい落語《らくご》

発行者　橋田真琴
発行所　朝日新聞出版
〒104-8011
東京都中央区築地5-3-2
電話（03）5541-8996（編集）
（03）5540-7793（販売）
印刷所　大日本印刷株式会社

Published in Japan by Asahi Shimbun Publications Inc.
ISBN　978-4-02-333135-8

定価はカバーに表示してあります。
落丁・乱丁の場合は弊社業務部（電話03-5540-7800）へご連絡ください。
送料弊社負担にてお取り替えいたします。